|推薦序|

以終為始

經常聽到身邊許多年輕朋友談到無法投資理財的原因，例如賺的都不夠生活，沒有多餘的錢；或雖然了解準備退休金的重要性，但是離退休還好遠，沒有去做的急迫性與動力；又或者是覺得投資理財好難，卻又不肯花心思學習與研究。

身為過來人的我，能夠理解年輕人這些想法，但也看到許多同年齡友人後悔沒有從年輕就開始投資理財或存退休金，直到４０歲＋才開始而承受巨大壓力，我不禁深思，該如何讓年輕人願意及早開始？

剛好，最近有機會聽到幾個以終為始的案例，令我茅塞頓開。所謂以終為始，就是設定目標，並把目標當成起始點，往回推估與計劃。例如，我曾經與當紅投資素人小資 YP 聊天，他立下４０歲擁有１０００萬元的目標。

根據這個目標，他開始往回至立下志願當時，評估有哪些方法與該怎麼做才能達到，並花了１～２年時間學習與研究，才踏上投資理財之路，例如各項花費都訂預算並遵守，以及有紀律地執行投資操作，幸運地，他以不到６年的時間就達成目標。

另一個例子是，一個剛上大學的年輕人，設定大四畢業

月薪 3 萬也能買房的
財富翻倍法

理財新手也能靠小額投資翻轉人生

張Ceci Podcast「女孩向錢進$」主持人 著

時要考上某間研究所，於是開始蒐集資料，他了解後知道需要做到那些事情，於是再回溯至大一的當下，規劃出一年級到四年級該做到那些事情以及如何進行，四年來有計劃地執行的結果，不慌不忙地考上目標研究所。

以終為始，可以解決時間還很久而缺乏動力，不知道該如何進行以及懶得花時間學習與研究等問題，從最遠的目標一路往回推進，了解到每個階段應該做到的事情，也因為有目標在前面導航，對於中間過程的辛苦，通常你都會比較心甘情願。

張 Ceci 是我多年好友，她在財務獨立自主上的成就超越多數人，這是她的第 2 本書，也是她多年的投資理財經歷與心得的分享，內容淺顯易懂，非常適合新手閱讀來建立正確的觀念並找到適合的工具與做法。

我相信，願意以始為終開始投資理財的你，有了這本書的幫助，將事半而功倍！

張國蓮
Money 錢雜誌總編輯

┃推薦序┃

　　我跟張 CC 認識 1 0 多年了，看著她從在香港工作、返回台灣，到她退休，找到一個穩定的伴侶，過著令人羨慕的退休生活，感慨良多。曾經她也是跟你我一樣的上班族，在職場浮沉中掙扎（當然，她比我們優秀許多啦）。但看著她退休這許多年，找到自己的步調，身體越來越健康，找到新的生活重心，甚至回到年輕時的體重，真的令人羨慕。

　　但所有令人羨慕的景象背後，必定有令人折服的付出。張 CC 也不例外。她的起跑點夠高，但她卻沒有因此鬆懈。持續進修、正確的金錢觀、努力不懈、認真投資，造就了她現在的生活。

　　在過去的工作中，我接觸了許許多多 5 0 歲以上的準退休或退休族群。很多人想到退休，都樂觀的覺得終於可以「睡覺睡到自然醒」，過著愉快的遊山玩水生活。但實際上，理想的退休生活需要財務支持。不說別的，如果想要像我身邊的姊姊們，有能力經常跟朋友出國玩一玩、有空時吃吃美食、全台灣走透透，一個月的生活費 5 萬元以上是跑不掉的。但勞保能夠給付的錢卻遠遠不夠，錢從哪裡來？當然是從年輕時候存下來或投資而來。

但錢要怎麼存下來？我身邊也有很多上班族的女性朋友，想存錢，錢卻存不下來；想投資卻不知道如何開始、也不知道如何尋找標的，於是就一直困在「無法開始」的迴圈裡。其實認真想想他們的困境，主要有兩個原因：第一，動機不夠強烈。第二，找不到方法。但剛好張 CC 的這本新書，可以提供大家這兩個困境的解方。我覺得非常適合想要學習投資理財、卻又不知從何開始的朋友。學習投資，其實不只是技術，更重要的是關乎於心態和心境。想要投資的初心是什麼？只是為了賺大錢嗎？還是希望賺到錢，過更好的生活？有正確的心態和心境，才能在投資的路上遇到困難時，堅持在正確的路上走下去。

張 CC 在書的一開始，就把儲蓄、存錢和投資的心態，甚至是簡單的人生哲理，都做了完整的論述；後面提到的選股的方法，也簡單易懂，非常適合初學者入門。當然也適合已經會投資的人，作為一種再檢查自我的工具。

我曾經採訪過許多厲害的投資家，他們的成功或許都是天時地利人和的配合。但不論如何，他們一定都有一個共同點：堅韌的執行力＋及早開始。所以，希望你看了這本書，也能及早開始，邁向因有錢而幸福的人生。

賀先蕙
前康健雜誌副總編輯、大人社團總編輯、Smart 智富月刊主筆

|作者的話|
理財成功
不是一種超能力

這幾天去了熟識的餐廳吃飯，碰到了之前工作時認識的朋友。大家真的是好久不見了，他們問我現在在哪裡高就？我說我已經退休了，到今年已邁入第 7 年。對方聽到了感嘆說怎麼這麼厲害？有實力真好。我馬上老實回答，不是有實力，是我蠻早就覺得這是很重要的事，所以老早就開始行動並準備了，你也可以的。也許這句話聽了像是客套話，但事實真的是如此。

其實我一開始想做「女孩向錢進」Podcast 節目，是覺得自己身邊的一些年輕朋友，大部分對金錢的觀念還是懵懵懂懂的，我可以分享自己的經驗，和這一路跌跌撞撞過來的心得，幫助他們早日理解理財是一輩子的事，及早開始正視自己對金錢的態度是否正確，讓大家的理財之路能夠走得順遂一點。畢竟學校大部分沒有教，有教的又不一定派得上用場，所以就開始了我天馬行空的 Podcast 節目。節目上會聊重要的時事，及基本的理財觀念等等，希望可以跟年輕朋友們分享。

很多人想理財，但是我更想談的是，在理財之前，你可以做些什麼準備？

 還清債務，重新歸零

不少有負債問題的人來找我諮詢，想要開始學習理財投資。這裡說的負債，大部分指的是信用卡循環利息、信用卡卡債、信用貸款，而不是指房貸、車貸、助學貸款這類的貸款。我通常會請他們先想辦法還清欠款，不論是透過債務協商，自己撙節開支或增加收入等等，先把債務結清，再來談投資。

會欠債的人，通常就只有兩個理由，第一是花太多錢，第二是賺太少錢。花太多錢的話，如果自己能分辨什麼費用可以省下來，那重要的就是思考有沒有辦法減少支出？然後靠自己的意志力，去實際執行、才會有不同的結果！但如果你只知道自己花太多錢，卻不知道是花在哪裡，這可能要找個值得信賴的朋友幫忙，最好是找一個花錢習慣跟你不太一樣的朋友，才可以從不同的角度幫你分析。

你可以先記幾個月的帳，看看能不能找出問題，也請朋友幫你檢視一下，並針對你的消費提出疑問，請你解釋花這

筆費用的原因等等。當然，你也要有個開放的態度，知道是你請朋友幫忙，對方的問題或建議是對事不對人。或許你聽了，當下很難消化，但是我還是想請你好好想一想，既然是想要節省支出，對方如果問你為什麼要花這筆錢，可能就是因為換成是她，並不會花這樣的費用。

也問問對方的意見，如果你是我，你會先省下什麼樣的支出？一定有可以節省花費的地方。如果你已經負債了，辛苦緊縮一陣子還掉債務後，日子會過得比較輕鬆。不用等到某一天才發現，你努力工作的薪水、居然只夠償還利息，而利息也越滾越大，超出你的負荷，或是到了要償還本金的時候還不出來，每天過著被錢追著跑的日子。

如果你覺得自己已經是過著極簡的生活了，錢都是花在刀口上。除了請朋友幫忙檢視之外，很重要的一個現實就是，你賺的錢不夠多。這是個很現實的問題，但是你還是必須要面對。除了兼差來增加收入，其實還能找出創造被動收入的機會。

回歸最基本，你從事的朝九晚五的工作適合你嗎？畢竟你在這上面花了最多時間和精力，也是你最主要的一筆收入。如果這筆主要收入，持續的少於你的必要支出，那一定

會出現問題的，如果你不想辦法改善收入的話，你的負債只會持續增加、不會減少。尤其是假若這份工作不適合你，你卻像鴕鳥一樣不去面對，不找出方法解決，負債問題是不會消失的，更不要說未來的升遷機會了。看不到未來的工作，對你的財務不會有加分的作用，最多只是看收入能延續多久而已。所以請你從「節省支出」和「增加收入」兩方面下功夫研究及思考，不只是要把債務還清，也是幫你未來的理財之路，奠定更健康的基礎。

能存錢，恭喜你，但這只是基本！

「能存錢」是你有財可以理的開始，而好的開始就是成功的一半，所以要恭喜你。但不要以為可以存得住錢就好了，卻沒有往下、進一步的成長。有財不理，可是會被通貨膨脹吃掉的！如果你沒有特別的感受，想想你小時候的物價，和現在差多少？以我來說，養樂多以前一瓶５元，現在至少１０元；要再有感一點，問問你爸媽，以前的房價和現在的房價差距有多大！

存錢讓你有理財的基本，下一步就是想清楚，以你現在的狀況，你的緊急準備金應該要多少、是你覺得足夠的。緊急預備金之外，多餘的錢才是你可以安心拿來投資的錢。

　　另外，既然有辦法存錢了，是不是可以要求自己再多存一點？畢竟投入投資的本金越多，複利的效果才會越快也越明顯，財富才能累積得更快。１００元若以３％增長，一年是１０３元；１０００元若以３％增長，一年是１０３０元；這就已經是１０倍的差距。再滾下去，差距只會天差地遠。

　　所以，千萬不要只存錢，而不鞭策自己邁向下一步「學習投資」。現在存款利率平均不到１％，而通貨膨脹大概在２％～３％之間，反觀投資債券的長期平均年收益率為５％，投資股票的長期平均年收益率為１０％。所以只存錢，只會讓你賠錢，投資要以長期來計劃，財富才有可能增長。

目錄 CONTENT

PART 3
投資前需要做的準備

PART 4
輕鬆致富的投資方法

PART 5
理財投資心理學

PART 6
其他投資建議

PART 1

資深女孩
給理財新手們的
經驗分享

KEY POINT

01

資深女孩給理財新手
們的經驗分享

 不理財會後悔

　　我媽從小就告訴我，女人要有錢，不是吳淡如告訴我的。所以現在我想跟年輕朋友說，不管男生、女生自己都要有錢。這是對自己獨立能力的一種印證，是人生的基本基礎，也是為了自己在往後的人際關係或伴侶關係中可以得到基本的尊重。因此理財很重要，不理財會後悔的喔。

　　在我的父母那一代，其實伴侶關係和我這一代就已經相當不一樣了。父母那一代，大多妻子結婚生小孩之後，就已

經不出門工作，以家為重。尤其像我媽媽，畢業後就進入婚姻又馬上有小孩，小孩還一個接一個生，總共生了 5 個，所以這段期間還拉得非常地長。我爸爸出身比較辛苦，因此對錢的態度完全不同於出身富裕家庭的媽媽。尤其我爸爸自己白手起家、從無到有，對錢是完全的掌控，而媽媽從小就沒碰過錢，養 5 個孩子能掌控的只有菜錢。有什麼額外想要買的，就要當伸手牌跟爸爸拿。

向來被爸爸稱為傻老婆的媽媽，很早就跟我說，女人自己要有錢。或許和任何與錢相關的事，都必須要經過爸爸同意，不然錢從哪來？雖然爸爸也大都會同意，但要去問、去溝通的這個過程，就已經是一個麻煩又艱辛的挑戰，更何況你溝通的對象是對錢很有主見的人。

青少年的我，也早早必須自己去跟爸爸溝通關於錢的事，因為媽媽已經累了、煩了。相信我，這不是一個容易的過程，也是讓我及早學習關於錢的溝通的開始。你要說服別人拿出他們掌控的東西，並交給你掌控，你要有一定的本事，還要對這個人有一定程度的了解，才有辦法說服。在關係中，有資源（錢）的人，不需要低聲下氣、彎腰屈膝、時時看人家的臉色，覺得自己因為伸手要錢而矮人家一截。

然而歷史不斷重演，之前的例子就是李靚蕾的血淚長文

談到的，除了前夫不為人知的風流韻事外，還有她身為偽單親家庭主婦的無奈與困境。在亞洲文化中，不管學歷高低，不分國籍地域，太太在家不僅如李靚蕾所言「無酬」工作，還會被看輕，更有丈夫以工作為藉口，不回家的「偽單親」家庭。很多女人，當放棄工作投入到家庭後，基本上已經如 7-11 全年無休，特別是自己帶小孩及家事親力親為的人，更是完全沒有個人時間可言。但還是會受到辛勞工作歸來的丈夫，或毫無關係的路人批評，以為主婦在家很閒，甚至彷彿是寄生蟲在吸丈夫的血汗錢。即使工作能力及學歷不輸丈夫，一旦為家庭放棄了工作，日後要再回到職場已非易事。

我在前段婚姻裡並沒有放棄工作，也使我學會，有錢可以支配很多事也就不用這麼麻煩，要想盡辦法去說服別人，也直接或間接地受別人的掌控（甚至我花自己的錢也會被批評）。所以為什麼我媽媽很早就灌輸我「女人要有錢」，我相信她認為有錢就相對有更多的選擇、更多的自由，有很深的體悟。

我媽媽到了將近５５歲，五個小孩都獨立了，她才決定自己創業，開了一間工作室，現在她在各個大學教書，幫助不少學生和烘焙職人贏得國際比賽的大獎，站上國際舞台。從她開始賺錢、理財開始，你可以發現她自信心的提升和對

生活的自主權有了極大的轉變。變得更有自信，生活及工作更有條理，還有對自己的未來藍圖願景更清楚了。我媽媽像是開始了第二生命一般，活得更自在、更開心。當然使她更是堅信「女人要有錢」的這件事了。

另外我的上一代，因為經歷經濟起飛的年代，家庭的收入已經不像務農的時代，父母大多是中產階級上班族或做生意的，有能力就儘量栽培我們唸書，希望我們可以過上更穩定、更富裕的生活。但也因為我們從小就受到父母的庇護，很少吃苦，所以不一定可以及早了解並體會金錢的重要。尤其是不少家裡背景不錯的第二代，從小生活優渥，所以認為生活本該如此。到長大成人才發現，自己的所得並不足以支撐自己向來習慣的優渥生活。這時只好眼巴巴的等著未來的財產分配，但前提是如果有的話⋯⋯

我身邊有不少這樣的例子，例如在 social media（社交媒體）上看到時不時入住奢華酒店、到處旅行的朋友，實際上卻沒有一份穩定收入的工作，永遠是刷爸媽的卡，真的只能說她很好命啊，希望她的好日子可以持續延續下去。但她私下和我碰面，卻拉著我的袖子哭訴說：「怎麼辦？我都沒有錢啊！」我相信，她自己最清楚沒有裡子還要維持面子的辛苦。

另外我也有一對夫妻朋友，太太不斷培養先生的品味，先生從原本休閒的穿著，到現在身上穿的都是名牌，甚至他們的婚禮是在喬治克隆尼舉辦婚禮的六星級威尼斯飯店舉辦，但最後一筆費用卻不斷拖欠，因為戶頭裡存款不足。家裡有 2 台高級房車，其中一台還是 Ferrari 法拉利。太太的興趣就是不斷購買奢侈品、珠寶。但是實際上，銀行戶頭裡卻真的沒有幾毛錢，就算有錢進來也馬上就花掉了。

先生已經７５歲了還在工作，太太還年輕才５０歲出頭，一直是依賴先生的工作收入。我很替她擔心如果哪天先生沒辦法工作了，沒有了賴以為生的收入來源，以後該怎麼生活？相信大家對鍾鎮濤前妻章小蕙的例子應該有所耳聞吧！所以不要羨慕別人人前光鮮亮麗的生活，要維持這樣的面子是很辛苦的，focus(專注) 在自己身上且踏實的生活比較好。

根據調查，１９７０-２０００年間出生的世代當中，只有１２－１４％的人口，可以繼承到相當於薪資待遇較高的５０％的群體（指的就是較高薪水收入的人）一輩子的勞務所得的財產。１９２０-１９６０年間出生的人只有２％-８％之間的機會繼承大額的財產。雖然說我們這個世代繼承的比例已經比上個世代多了不少，但是還是只有１２－１４％的人有這個好運氣，這數字也告訴你，靠自己最好、

最實在。

　　就算你有機會得到大額的遺產，但如果你沒有自己謀生的能力，你可能會拿不到錢，因為上一代擔心被你揮霍殆盡而不想給，或是你就算真的拿到了也很快就敗光了。我的外婆家就有這樣的慘痛教訓，外公留下來的祖產，其實夠後面好幾代子孫過上富足的生活，但是就是其中幾個小孩，不只揮霍、還賭博敗光了家產，甚至還讓後代負債增加啊。**所以還是好好理自己的財，最好。**

　　我和不少做服務業的年輕人們認識久了也變成朋友，他們的客人大部分是花錢不眨眼的闊綽好野人，當然也是有不少奧客啦（所以他們也立志不要當別人的奧客）。或許是因為耳濡目染的關係，他們也是出手闊綽，搞得自己常常是月光族啊。跟一、兩位深聊後，發現他們也是家庭背景小康，父母至少會留房子給他們。當然房子是很大的資產，但不曉得你有沒有聽過窮得只剩下房子的例子？

　　這件現象近來常被討論，大多發生在獨居老人的身上。他們雖然有住的地方，但往往房子已經老舊，不適合年紀大，行動不便的老人居住。手頭有的錢用來基本生活和看病已經不夠用了，更沒有資金可以修繕房子，讓自己住的舒服方便一點。老了也沒有氣力搬離長久的居住地、重新開始適應新的地方的生活，這就是「窮得只剩下房子」的現象。

　　或許年輕人沒有想得這麼遠，但光是只要想到「婚姻道，菩薩道」，這句在婚姻路上的前輩們給的金玉良言，就知道維持婚姻已經是非常不容易的事了，是一輩子的修煉。要在婚姻中可以維持自主獨立的權利，和贏得對方、甚至是對方家庭的基本尊重，更是不容易啊。所以維持自己的財富自主權是很重要的事情，這是讓你不會被看低的基本條件，希望你在往後的人生路上可以儘早有所體認，才不會後悔啊！

想嫁 / 娶入豪門？要有錢不如靠自己

　　有不少年輕朋友們，總是嚮往著可以變有錢的最快方法，就是嫁入豪門，或娶個好老婆少奮鬥３０年。不然就只會自怨自艾，覺得「為什麼我就是沒錢？怎樣變有錢呢？」

　　首先我要拍拍你的肩膀，給你個鼓勵、不要氣餒，如果你今天心裡就有這個想法，或是有個聲音一直提醒你要「努力變有錢」，那你已經有了比其他人更好的開始，至少你已經有在想這件事，你不會一直是沒錢的。但是殘酷的是，只有想是沒有用的，要想辦法採取行動才是真的！

　　首先有錢沒錢只是種心態，什麼叫有錢？什麼叫沒錢？我們可以具體一點來說，我想請你想想為什麼你覺得現在是

沒錢的。你或許付得起目前的基本生活開銷，但是不是沒有足夠的錢當後盾，讓你可以放心的去做你想做的事情呢？那你到底想做什麼事呢？想去繞地球一圈？想買個大房子？想闊氣的辭職說「老娘我不幹了！」你是屬於哪一種呢？

有人會問說為什麼要想這麼多呢？因為要先想清楚，才能算出你到底需要多少錢呀！你的有錢到底指的是什麼狀況！你要擁有多少錢才會覺得有錢？搞清楚你現在覺得「沒錢」是什麼狀況，再想清楚你的「有錢」是什麼樣子。因為每個人對有錢、沒錢的定義都不太一樣。

若一位百萬富翁想要投資一個事業，可是拿不出需要的千萬資金，他一定覺得自己沒錢。相對的，若一個初入社會，月收入２８Ｋ的年輕上班族，如果收到一筆善心捐款或者是父母遺產贈與一百萬，他可能就覺得自己很有錢了呀。所以記得，和別人比較有錢、沒錢真的沒有太大意義，重要的是，要努力變成「自己想要的有錢模樣」。

所以先定義什麼叫「有錢」、什麼叫「沒錢」，是一個很重要的思考過程，要不然你永遠不知道你什麼時候可以變有錢。因為你並不曉得變有錢是什麼模樣。想像出你覺得有錢的樣子，並量化成一個實際的數字目標。

舉個例子，有人覺得我今天如果可以不想工作，就不要

工作，對她來說就是有錢的程度了。那你就要考慮，到什麼樣的實際數字，可以讓你不想工作的時候，就可以無後顧之憂地辭掉工作，那是一個什麼樣的數字呢？三百萬、五百萬、一千萬、三千萬？記得，定義你的「有錢」很重要，給自己一個實際的努力方向。

既然有錢、沒錢只是種心態，我們第一件要做的事，就是先改變自己的心態，如果你一直認為自己沒錢，你也不會認為你需要去管理你的錢。要認為自己有錢，或是「有點錢」，無論錢的多少，至少是個開始，**只要你願意好好去管理你的財務，「你一定會變有錢」**！

如果覺得自己沒錢，就只有兩種可能：
第一就是要考慮你賺得錢夠多嗎？
第二個就是考慮你花的錢是不是太多了？

所以你才會覺得自己一直沒錢呢？其實從這兩件事就可以採取很多行動了。

如果你一直維持賺多少就花多少的習慣，那你就算到老了，也不會有錢這倒是真的。而且現在的職場和十幾年前其實非常的不一樣，淘汰的速度快很多，就算有一些人很早就升上來做主管，陣亡的時間也可能比之前快很多。如果你現

在賺得算多的話,也不要太高興,如果你的生活形態一直是
維持在賺多少花多少,以後突然沒了工作,生活可能會過得
更辛苦。

其實我發現身邊的朋友,被強迫退休或降職的還真的不
少,畢竟職場是個金字塔,可以一直順利往上爬的人只會越
來越少。但鮮少有人提前做好財務或心理上的準備,他們不
只在現實中要維持一份工作收入才能生活,而且還要面對職
場心理上的不愉快。你想,中年被強迫轉業或降級,除非你
的修養程度很好,否則自信心沒受到創傷才怪。所以及早想
清楚、未雨綢繆很重要。

既然知道了自己的目標,
那要怎麼開始變有錢呢?

我曾經思考了很久,我為什麼可以38歲就退休,我在
26歲的時候,算出了一個以我當時的薪水和消費習慣,我
自己都覺得不可能達成的目標,就是至少需要一百萬美金,
等於三千萬台幣,而且還要有房、有車、沒有負債。雖然那
個時候覺得是「不可能的任務」,但這個目標設立的思考過
程,給了我一些衝擊。

我總有一天是沒辦法再工作下去的啊,雖然是不可能的
任務,但還是要面對!退休只是早晚的問題,就算沒辦法達

成我預設的目標，如果我可以在我老的時候達成一半，那或許還過得去吧。應該是說我很認命吧！覺得該做的還是要去做，逃避是一時的，最後還是自己要面對後果。從那時候開始，養成了幾個我覺得還不錯的習慣，甚至退休 8 年了，到現在我都還是一直持續在做的好習慣。

1 不必要的消費就少花點，離「財富自由」更近一步

我這幾年幫助很多人一起做他們的財務規劃，有年薪收入一百萬，也有年薪六百多萬的。但好玩的是，同樣是十年計劃，年薪收入百萬的人，比年薪六百多萬的更容易達成他們想要的退休目標。其中有一個很重要的關鍵，就是有沒有存錢的習慣，收入一百多萬的人，覺得自己的積蓄不足以退休，所以很早就乖乖的固定存錢。年薪六百多萬的人，認為自己賺的蠻多的，所以心態上就輕忽存錢的重要，花錢如水，這樣的起始點就有很大的差距。我自己算過，如果我年輕的時候可以再減少一些不必要的支出，可以更早存到多一點錢，我可以比３８歲更早幾年退休啊！

2 每天花一點時間了解國際政治經濟，就是會影響投資的事

每天花個 15 分鐘到半小時，減少看娛樂新聞的時間，多看一些和自己切身有關的國際政治經濟新聞，尤其是和你的投資理財部位相關的資訊，才不會買了一堆奇奇怪怪的基金或股票，該賣的時候沒賣，不該抱的抱得長長久久，賠得一屁股。

3 學習做出自己的判斷，不要人家說什麼，就跟著買什麼。腦袋是拿來用的！

不要別人報明牌，就高興的跳進去。我其實有一個帳戶，是專門拿來試驗我聽到的明牌。我已經根據我聽到的理由，做了一些自己的判斷，但我的明牌帳戶還是套牢的時候多、賺錢的時候少。再加上現在的新聞及研究報告，都不一定會呈現完整的事實，只會偏頗的引用有利於自己論點的資訊，所以我都會多看、多聽一些不同的角度，才來做出自己的總結判斷。多用腦袋思考，就可以少賠很多錢喔。

4 學一點新的理財方法

我知道我一輩子不會只用一種方法理財，尤其如果有一點錢，更不會只做一種投資。所以我持開放的態度，不斷的去了解各種不同的方法，了解之後，或許還要練習做過了才

知道適不適合我，以及什麼時間適合用。這樣累積下來，我有比別人更多的工具，可以更快達成我的財富目標。

5 每個月把自己所有的投資部位匯總一次，了解自己的財富進度

我其實對數字是很沒感覺的，也記不太住。從來記不得我有哪支股票、編號幾號、多少張、多少錢買進、多少錢賣出。所以就強迫自己每個月都要從新檢視一下自己所有的部位，才知道最近發生的時事和我的投資部位有沒有關係，需不需要做改變。還有就是督促自己，看看離目標有沒有更近一點。如果還是沒有，那要找出問題出在哪裡，哪個投資決定做錯了，接下來該如何處理等等。其實這整個過程不用花到太多的時間，每個月大概一個小時就足夠了。

年輕時只是覺得偶爾花點時間去做我該做的事，或許我就不會那麼的焦慮，久而久之就成了習慣，這些我做的事就累積成一個很不一樣的成果，也就是「老娘不爽就可以不做了」和「３８歲就退休」。

以下就是我的 5 個習慣

1 —— 不必要的錢少花點，離「財富自由」更近一步。

2 —— 每天花一點時間了解政治經濟，就是會影響投資的事。

3 —— 學習做出自己的判斷，不要人家說什麼就是什麼。腦袋是拿來用的！

4 —— 學一些新的理財方法。

5 —— 每個月把自己所有的投資部位檢視一次，了解自己的財富進度。

**所以持續累積做對的事情，就可以變有錢，
這裡的重點是「持續」、「累積」
和「做對的事情」這三樣。**

　　舉例來說，如果今天我堅決相信自己是有中樂透的命，那我也必須要「持續的」、「累積的」做「買樂透這件事」，這樣才不會哪一天我的樂透運到了，而我卻沒有買彩券，那就真的是遺憾終身啊！

　　Anyway（無論如何），我持續累積的理財習慣，是我可

以提前達成財富自由的祕密，和大家分享一下。

 ## 投資自己的外在值得嗎？買名牌可以當投資嗎？

　　投資自己的外表，讓自己看起來更符合你的工作或你想給人的形象，的確是一個基本投資，但其實並不需要花太多錢，也非必要全身上下樣樣是名牌。我們心裡要有個基本觀念，並不是穿了名牌或多吃米其林餐廳，就讓你比別人高級一些。購買名牌其實是一種生活態度，讓別人知道你的 statement（價值主張），但大家在買名牌前，是不是有先思考，值得花這個錢嗎？也有人會問，買名牌可以當投資嗎？可不可以保值呢？有什麼因素是可以事先考慮到才不會後悔的呢？

　　我昨天接到一通電話，嚇了我一跳，因為電話那頭是一位住在米蘭的朋友打來的，我們倆因爲時差的關係，所以常常只透過 message（信息）聊一些生活上的事情。所以她這次緊急打電話來，一定有什麼重要的事。電話接起來，她說：「我總算找到你了，我有一件很緊急的事情要問你。」嚇了我一跳不曉得該如何回答，怕她要託孤。她繼續往下說：「我

想要買一個二手 Hermès（愛馬仕）的包，你覺得如何？」

　　我聽到她問我這個問題有點意外，因為她平時就愛買二手名牌，為什麼今天特別要問我的意見呢？我猜想大概是這一次的價錢比較高吧。其實很多人都有這樣子的天人交戰時刻。

　　她見我一直沒有回答，又加了一句：「你不覺得這個是很好的投資嗎？」天啊！我在電話的這頭，白眼都已經翻到後腦勺去了。

　　在她的追問之下，我只好收斂起我心裡抓狂的 ＯＳ（內心自白），慢吞吞的說：「小姐，你是知道我的，退休這麼多年，我買的名牌都還在衣櫃裡，現在的我已經不把錢花在不能帶給我太大價值的東西上面。如果你覺得今天花這個錢可以帶給你很大的快樂，可以提升你的成就感或自信心的話，那我就覺得是值得的。但是如果你不是這麼認為，反而覺得是個投資的話，那我們就要來聊聊什麼叫投資了。尤其是對我來說，這種叫作**「奢侈品的投資」**，有兩個要考慮的重點：

1 就是要找到現在可以參考的市價

　　人類有一個很有趣的心態，認為自己擁有的東西，比別人擁有的同樣東西值錢，這個心態其實會是一個很大的盲

點，因為當你真正要去賣掉你擁有的東西的時候，可能沒有辦法賣在你認為值得的價錢。

在網路上可以輕易搜尋到相似物件的價錢，若是有成交紀錄就更好了。因為有賣出的紀錄，你才知道這個價錢是不是有行無市，還是賣家掛心酸的。

或者可以去問有可能可以幫你賣掉的人，例如名牌二手店、古董商，多問幾個管道，你就會有一個可以參考的平均價值，通常你會找到大概的市場價值區間（lower bound and upper bound），例如 5 萬到 8 萬之間，但自己估算的時候記得要再保守一些，不管你擁有的物件狀況有多好。尤其如果是你已經使用過的話，東西維護的好壞和是不是市場炙手可熱的物件，都是影響賣價的因素。

2 要找得到可以賣得掉的管道

這可能是大家比較以為不會有問題，或者是聽別人說執行上很容易，可是實際上自己要做時，卻不一定真的做得到。通常賣東西尤其是名牌，第一個管道當然就是名牌二手店，或在網路上自己賣。如果你的東西價值夠高，你或許會想要透過海外的拍賣網站，或者找拍賣公司賣，我覺得這些都可以考慮。只是別忘了，你今天用的這些管道也都是要抽成的，做生意的人或公司也都是要賺錢的營利單位。

　　舉個例子，以二手店來說，你可能把你的包包拿去二手店寄賣，或者是你賣給二手店、讓店家自己上架去賣的話，他當然會想要把他的成本（也就是跟你買包的價錢）壓得更低，這樣他才有更多的機會，賣在他可以賺錢的價位。

　　或者說你想要自己透過網路賣，尤其是賣名牌貨，需要累積過往成交的信用評價，買家也會相對小心，因為價錢比較高、又不確定是不是真貨。如果你願意花時間來經營並累積信用，那當然很好，但就是需要付出相對的時間和努力。

　　另外其他常見的風險，包括容易被質疑東西的真偽，還有保存的狀況。如果自己賣的話，當然以後的交易糾紛也要自己承擔，那就看你願不願意自己去承擔這部分的風險囉。

　　若你想透過國外的拍賣網站或是拍賣公司的話，尤其是需要了解其相關費用和整個交易機制。其實我以前在一家國際知名的拍賣公司工作過，他們的手續費是數一數二的高，因為是知名的國際拍賣公司，所以除非你買的名牌珠寶或者是精品，至少有一倍以上的漲幅，你才可能會（經由奢侈品投資）賺到你想要的獲利。

　　另外有人問買名牌會比較保值嗎？嗯，這是一個很好的問題。老實說因為我家是做生意的，從小到大看過好幾個爸

爸的朋友們做生意失敗,要跑路之前,拿了很多的珠寶、古董來換現金。當然到那個時候,價值絕對不會是他們當初買的價錢、或是他們想賣的價錢,他們只想要儘快地換了現金,不管多少都無所謂,讓他們有跑路錢。

如果說像平常我們買的 Dior 包、Chanel 包、沛納海的錶等等,這些東西的價值,是比你買一支卡西歐的錶相對保值囉。但你如果沒有打算要賣掉,它帶給你的價值,就只是戴著會比較開心,犒賞自己用的,其他的並沒有功能上或使用上的不同。如果今天你真的有想要賣掉,也要去確認我們前面談的兩個重點。

在我決定買名牌之前,我會先想想,購買的動機是什麼?或者擁有這個名牌,帶給我真正的價值在哪裡?加上之前自己也買過不少奢侈品(不過還好我買這些奢侈品的時候,並不是用投資的心態買進,只是純粹揮霍和擁有短暫的快樂)。我自己膽小,覺得除非你有辦法變現,不然我自己還是以保守原則處理,我都不敢把這些東西計算成「投資」。

我碰過許多想要開始理財而來找我諮詢,並且擁有不少鑽石和奢侈品的先生、小姐們,買的當下認為這些是很好的投資,但當我請他們去估算市場價值,並找出可以變現的管道時,他們就發現有困難了。就算他們的鑽石擁有各種該有的證書,但一旦想變現,價錢和管道就都是問題了。

有不少姐妹們覺得買奢侈品是一種投資，當你實際拿去二手店請他們估價的時候，才發現奢侈品就像車子一樣，落地以後價格幾乎折半，而且還要看保存狀況好不好、包裝完不完整。再加上二手店要收一筆寄賣的費用，或者店家願意向你收購的價錢非常低，低到你都覺得不划算了。當你做過這些查證之後，投資這些名牌值不值得，或許心裡就相對清楚了吧。

如果你手上有這些奢侈品，可以練習一下，找人估個價，並尋找可能可以賣掉的管道，也驗證一下自己的期望值和實際市場上的價格，是不是落差很大呢？如果這兩個條件你都可以克服，而且執行上也沒有問題，或許你又找出另一個值得投資的另類投資管道，何樂而不為呢？

 ## 為自己而學習

不想動腦袋自己學習投資，寧願別人幫你投資？

有不少人來找我諮詢，但有很大一部分的人都有這樣的想法，就是「投資好難喔，我不想自己動腦袋，可以請別人幫我做嗎？」我是教人理財的財富教練，但也有不少人不是

真的想學、而是想要我替他操盤的。但其實我自己是很不看
好「別人幫你投資理財」這件事。

　　剛好２０２１年有一個很大的案例，可以藉機來跟大家
說明一下，「自己不想動腦袋，要別人幫你投資」可能會碰
到的下場。２０２１年發生了一件台灣史上最大金額的銀行
理財專員盜用案，這位理專在１０年期間，挪用了他的客戶
們約３億元的資金。本來一開始，是因為他的高槓桿投資^註
失敗而暫時挪用客戶資金，後來客戶也沒發現，他就食髓知
味地開始用這些資金買豪宅、買名車等等。其實除了他因為
貪婪，讓他找到漏洞可以做這件事，最大的原因就是客戶不
想動腦袋，要他幫忙投資理財，而且還不只不想動腦袋，基
本上完全沒有盡到監督的責任。

（註：槓桿投資指借錢進行投資，通常借錢金額很高、想要以小博大。）

　　其實我不是故意拿這一個事件來嚇唬各位，每年發生理
專不良的案件絕對不少。２０１９年就有１０件，每年都有
這樣的事件發生，過去這１０年來總共有超過２２家銀行，
超過百人受害，而且金額都有增加的趨勢！雖然金管會^註每
年都信誓旦旦地表示，會對這種理專盜用的事件加重刑責處
罰，甚至連帶也處罰這些金融機構的主管高層，但這１０年
來總共有超過２２家銀行發生過這種事（你說台灣才多少家
銀行……），甚至罰款超過１億７千多萬，也依然沒有嚇阻

的作用。其實這些理專發生的狀況，都是他們自以為投資手法很厲害，然後去操作高槓桿、高風險的投資，譬如說期貨、選擇權等等的衍生性商品。然後賠了錢，只好去挖客戶的錢、拿來暫時補一補，做了幾次之後發現，客戶也沒有察覺被挪用，膽子就越來越大的把錢佔為己有了。離譜的是長達１０年啊！包括銀行、客戶，竟然都沒人發現！

（註：金管會就是「金融監督管理委員會」的簡稱，負責台灣所有金融機構的監督和管理。原則上每個國家都有一個這樣的政府單位，負責監督管理這些跟人們的錢有關的金融機構，包括銀行、壽險公司、資產管理公司、基金公司、投顧公司、證券公司等等。）

　　你可能會說，盜領這件事只會發生在有錢人的身上。其實如果是比較聰明的理專想盜用客人的錢，只要每個帳戶拿個少少的５０元（因為５０元可以搪塞說是什麼的手續費，客人不會起疑），只要可以拿的帳戶數夠多，積少成多也是很大一筆錢。而且出事的機率不大，刑責也相對輕！歐美銀行就曾經發生過這樣的事。分享這個只是想讓各位知道，不是說有錢人的錢才會被盜用，重要的是要學會如何保護自己的辛苦錢才是王道啊！

　　想要別人替你管錢或投資理財，有這種想法的人，其實心裡有意識或無意識的認為，他們有比管理自己的錢更重要或更有趣的事情，值得他們花費時間和精力。但其實興趣是

可以培養的，就跟買東西一樣，我們會精挑細選找到適合自己的東西、適合的價錢才出手，理財投資也是一樣的啊！

我有學員知道理財是很重要的事，而且心裡也明白這是他自己最弱的一環，所以他來找我並成為我教練計劃的一員。但是他一開始就跟我說：「我對學這些沒有興趣耶，沒有時間、腦袋也不好，但是我還是想在１０年後退休，哈哈！」我笑笑地也沒多說什麼，但他開始發現，我教他一些簡單的投資判斷方法之後，他馬上就看到不一樣的成果。從此他對理財投資的興趣就被激發了，還會追著我問問題，而且非常熱衷於練習。所以找到適合你自己的方法很重要啊！

有些人想要別人替你理財，是覺得所謂的「專家」，像理專或基金經理人等等，他們是專業人士，所以會做的比你更好。舉這些理專不良的案例來讓大家知道，這位資深理專就是因為自己長期投資股票、指數、期貨虧損嚴重，而且又做槓桿，才開始挺而走險。那你就知道他投資並沒有多厲害啊！只是自以為很厲害，這結果可是差很多。

不只如此，來找我諮詢的人，不少是因為聽了理專的推薦，而賠了帳戶裡大部分的錢。通常一開始他們聽了理專的建議，就買了他們推薦的金融產品，起初或許一次、兩次有賺到一些錢，但後來賠的越來越多，甚至賠超過一半，這時候他們的理專有的已離職或換工作，有的理專就只能硬著頭

皮挨罵，如果客人急著要用錢，就只能建議認賠殺出。有的理專只能儘量不連絡客人，才能少挨罵。

　　曾經有位在科學園區任職的女生來找我，她想要學理財，因為她帳戶裡的錢，被深信不疑的理專推薦投資而將近賠光了！理專的推薦可以聽聽，但自己要有能力驗證和判斷，市場狀況是不是真的像他們說的？真的在這個時候，買他們推薦的金融商品，可以得到你想要的報酬嗎？老實說，你的理專的收入，靠的是基本薪資和高額的業績獎金，業績獎金當然是看他能做多少業績來決定囉！在某一部分來說，和你的利益是有很大的衝突的！另外，如果你的理專真的那麼厲害，他或許就不會屈就在銀行做個理專了啊。

　　我自己多年前也曾替幾位「金主」，處理了一些代操[註]部位的問題。這些有錢人把錢交給那些說自己投資股票多有經驗、多厲害的股市達人（通常在股市好的時候），也就是利用自己的「專業」，說服金主讓他們代為投資股票，股市達人大多以收取固定百分比的管理費、加上賺錢分紅作為條件，來替金主投資。但往往達人都過於自負，自以為經驗豐富，再加上不是自己的錢，也就沒有那麼小心，連續做出錯誤的判斷。我處理的這幾件就是金主持續賠錢，操盤人不想面對金主的責難，人就跑了！滿手的爛股票不知道要怎麼處

理，甚至還分散在不同的市場，如台灣、日本、韓國、泰國、美國等等，只好請我幫忙收尾。

（註：代操，代替別人做股票投資決定，買賣股票。）

說到底，沒有人會比你更在乎你的錢！對你的理財專員、基金經理人、代操的人來說，今天他們幫你投資，不管你的投資部位是賺錢還是賠錢，他們都有固定的手續費或管理費可以收取。而且只要你的錢留在他們那裡給他們管理，基金公司每年都可以收一大筆行政管理費用啊！

所以如果你還是想要別人替你管錢，你也要有基本的正確觀念和知識，去挑選和監督適合你的窗口。千萬不要被滿嘴專業名詞的專家嚇到，要記得！你的錢最重要，如果他們講得頭頭是道，但你都聽不懂，他們也沒有辦法用白話文解釋給你聽，這就是完全不適合。

這也是為什麼我會想要用日常生活的語言，做「女孩向錢進」podcast^註節目來跟大家分享的原因。我希望可以用簡單的話語，解釋跟理財相關的觀念和方法，給大家一個更基本、更清楚的選擇。現在有非常多人在教理財，但我不是很喜歡，甚至蠻討厭那些只會一直不停賣弄專有名詞、理論，一直說服你照他的方法做，就可以賺大錢的「老師」。他們很多沒有辦法解釋基本的資訊（甚至連最基本的都搞錯）。我去聽了不少這些所謂「老師」們的說明會，大概有

１００％都只是著重在賣他的方法，而不在乎他們的方法是
不是適合你？你需要的理財投資方法，其實是會隨著你的目
的、人生階段、需求、個性而不一樣的啊！

（註：podcast 又稱「播客」，是一種聲音的節目，放在網路上以供有
興趣的人下載收聽。）

　　讓我炫耀一下，在我出了第一本書之後，我送給了我的
理專一本，他很開心地跟我說他很快就看完了，而且非常贊
同我的觀念，覺得這樣的財富管理才是對的。他想以我的書
的內容做基礎，幫助他去參加全香港的理專大賽，我同意了。
三個月後，他超開心的告訴我，他得了第一名。我也替他高
興，希望我的書有幫助到他了解客人的真正需求，理專們應
該要提供正確的資訊來幫助客人判斷，做出正確的決定，這
樣財富管理的生意才能做的長久，也比較不會有糾紛。

　　好了，炫耀完了，讓我回到原來的主題：不想自己動
腦袋，可以請別人幫我投資嗎？這幾年科技興起，可以做
投資的工具和平台也日新月異，常被年紀輕輕、但投資行
為積極、有想法的人使用。也常有人拿新的平台、app 來問
我這好不好、可不可以用。舉凡最近最常被討論的 eToro、
Robinhood，到數不盡的外匯交易套利平台等等。年輕的投
資族群習慣先上網找資料、做研究，直接在網路下單，是這
些平台的自然愛好者。

　　姑且先不論這些平台的好壞，我想要討論的是，有一些平台，讓你可以直接複製其他人的交易策略來投資。有人問我這樣做好不好，我通常會反問他，你了解他的交易策略嗎？他想要達到的投資目的是你想要的嗎？（或許他想要的是 All or Nothing 的豪賭，是你想要的嗎？）如果你了解，也知道他想達到的投資目的，是符合你的需求的，那你或許可以考慮。但如果你不了解，也不知道他的投資目的，那我會建議你三思而後行，因為這樣的工具，本質也是「讓別人替你投資」。除非你有基本的了解和判斷，這也一樣是讓別人替你操盤的一種形式。不要看別人賺錢就跟著買，投資是「timing is everything（時機就是一切）」，你跟著人家做，但有一點時間差，timing（時機）可能就不一樣了，市場表現也大不同了。

　　這幾年，有不少素人的理財達人，有相當多財富自由案例分享，這些人大部份都是自己有動一些腦袋，找到適合他們的理財方法。案例多到我香港的朋友問我，為什麼台灣這麼流行理財？我就跟他說，可能因為收入比其他國家少，所以才更是要發憤圖強，自己想辦法啊！

　　我想要表達的是：對於真正知道要面對自己財務的人，應該要投資一些時間和努力去學習，幫助自己做正確的理財決定，這絕對是值得且一輩子受用的。你也想成為這樣的人

嗎？

 # 理想的伴侶難找嗎？試試看這樣做

　　因為蠻多姊妹們在聽了我的 podcast 後，熱烈反應說想知道我說的：「如何找到理想伴侶」的方法。我就來分享一下我的心路歷程吧！雖然和錢沒有直接的關係，但可以找到好的伴侶，以後的麻煩就比較少，你或許有更多的心力去增長你的財富，而不是因為價值觀不一致，而每天煩惱及溝通錢的問題啊！我常想到年輕時，對自己人生迷惘的時候，就會去找不同的大師算命，朋友們彼此就會取笑說，女人算命能問什麼，真的就只有兩樣，一樣是事業、另一樣就是感情了。哈，你是不是也這樣？

　　我從２００７年離婚到現在已經１５年了，中間也有過幾段感情，但一直到２０１４年，我才開始有了想找個穩定伴侶的想法。經過了不是很愉快的離婚，我才知道維持一段長久的關係真的是不容易。我結婚時，有個朋友跟我說：「婚姻道，菩薩道」。不知道當時的我是不是太天真，我也是經過戀愛才結婚的，但結婚後的日子跟我想像的完全不一樣，或許我根本還沒準備好。從了解婚姻生活的現實開始，我也對朋友提醒的「婚姻道，菩薩道」這句話，有了很深刻的體

驗，這句話也變成我送給要結婚的姊妹們的提醒。因為我知道我想找個伴的這件事，需要從長計議，而且最大的障礙可能會是我自己，所以必須要先從我自己開始下手。

我相信每一個人在感情中都有受過傷，如果想要找到理想的伴侶，有一段穩定的感情，要先從對自己誠實開始。回想一下妳之前那些受過的傷，是不是有點醒你一些什麼呢？是關於妳自己，還是關於妳想要的對象應該要是什麼模樣呢？

其實找理想伴侶這件事，你要先問自己是不是真的想要一段穩定且長久的關係？如果你的潛意識裡面，沒有真的想要定下來的話，那你想要的穩定關係就會沒有辦法發生。我離婚之後再回頭去看，我那時候的潛意識裡並沒有真的想要定下來，最多是想要談談感情罷了，而且我也不想要花太多時間在經營我的關係上，所以從我離婚到我真的想定下來的這幾年間，我談的感情都是遠距離的。我想見面的時候就會碰面，我不想的時候就不會。而且這些關係通常僅維持一年多，見過幾次面之後就沒有再繼續下去。**請你對自己的需求誠實檢視，搞清楚你是否真的想要定下來，不然你現在下的訂單，只會照著你的潛意識走，而不是真的照著你的想法。**

在你開始下訂單之前，還有一些對於自己的基本條件，

我們需要先確認一下。第一個是前面講的，你是真的想要一段穩定、持久的關係嗎？另一個就是，你知道你是值得被愛的。當你知道你是值得被愛，那麼愛你的人就會出現，不管你開出來的條件是什麼，你開出來的條件也無關世俗的對錯。最基本的，你要先知道你是值得被你想要的人愛的。然後最後一個是，你要愛自己、讓自己快樂，要知道讓自己快樂是自己的責任，不是你伴侶的責任，如果你沒辦法愛自己、讓自己快樂，也沒有其他人可以做得到。

那我們來分享「怎麼下訂單」這件事情吧！不知道大家有沒有讀過一本書叫做 The Secret（祕密）？這本書的重點是說，想要「心想事成」就要善用「吸引力法則（Law of Attraction）」，裡面有提到一個技巧叫做「願景圖（Vision Board）」，這方法也在各領域被廣泛利用。我的方法也就是一種吸引力法則的運用罷了，只是我覺得用視覺想像，比較沒有辦法把我的要求講清楚，因為有些條件是比較抽象的，像人格特質、眼界、能力等等。所以我決定一項一項地，把我想要的理想伴侶的條件寫下來。

所以我希望有一個可以一起共同生活、維持長久穩定感情的伴侶，那我想要的對象到底是什麼樣子？我在寫下之前，有先設下一個背景要求，就是我希望對象是離過婚的，

因為他會知道經營一段長遠的感情是相當不容易，需要雙方共同努力的。

　　接下來我先天馬行空的把我想要的條件寫下來，我好像洋洋灑灑地寫了一張 A4 紙吧。然後我把這個名單放著，過一陣子再回頭來看，這是我自己的寫作習慣。第一次寫完後，我寫下來的東西，會在我的腦袋裡再次沉澱過濾。過一陣子，我再回過頭來一條一條的看，問自己這些條件真的是我沒有辦法妥協的嗎？那時候就會發現，其實有一些我寫下來的東西並不是那麼明確，或者是說這個條件是可以依據情形改變的，那就表示這不是絕非必要的條件，或許是可以妥協的。

　　還有和大家分享一下，下訂單的時候，不要用刪去法。就是不要說「我不要什麼」，而是說「我要什麼」，用正面的形容詞寫出你要的條件。舉個例子，如果你想說「我不要一個會偷吃的伴侶」，你或許可以說「我要一個可以對感情忠誠的對象」，諸如此類的。

　　後來我刪到剩下五個，我完全沒有辦法妥協的條件，和大家分享一下：
　　1・這個人要可以值得我長期的信賴。
　　2・他要願意而且可以和我溝通所有的事情。
　　3・他不一定需要每一項都好，但是必須要有一、兩項，

是我可以尊敬他的人格特質。

4・他的人生歷練可以和我不一樣，但是要夠寬廣，也願意以開放的態度，再開拓他自己視野（不可以太心胸狹窄 close minded）。

5・他在財務上要可以養活他自己，照顧他自己的需求，程度上至少是跟我差不多的，所以他不需要依賴我。

這些是我到最後留下來的五個沒辦法妥協的條件，你會發現這些條件無關乎外表、無關乎身高。很大一部分是關於人格特質，信任、溝通、尊重和基本的眼界和財力。最主要這些條件是在我走過一次婚姻和幾段感情之後，累積的經歷並深刻了解的，這些是可以讓我和另外一個人長久相處的必要條件。我會希望，你挑選伴侶的條件中，至少有一條要和財務或價值觀有關，這會是你往後關係中較具挑戰性的部分。

如果你不像我有離過婚，或許你會說：「我不知道哪些是我想要的條件啊？」我分享的這個方法，最主要是希望姊妹們可以先好好誠實且開放的面對自己，再來要求你想要的。先誠實的面對自己，檢視自己的需求。如果你覺得自己的經驗不足，沒辦法考慮的那麼周全，我倒是覺得借用別人的經驗是個不錯的選擇，聽聽你身邊的朋友們意見，不論已婚、未婚的，或甚至自己的父母、親戚，他們有些什麼對伴侶的抱怨，或是她們覺得很慶幸她們伴侶有些什麼優點，這

些都可以幫助你思考這些特質你是否也需要。

　　所以在你想清楚了你不可妥協的條件之後，記得和你的閨蜜們分享，並且請他們幫忙介紹適合的人選。不要害羞或不好意思，其實有時候就是要讓人家知道你需要幫忙，才會真的有人來幫忙牽這條線，我就是這樣的啊！預祝大家享受這個過程，想過之後你也會知道你真正想要什麼樣的人出現。記得吸引力法則，把你的需求想的越清楚，他就會越快出現喔！加油！

 ## 為了什麼而投資理財？

你未來想要過什麼生活？ 先沉澱一下自己吧！

　　今天和一位許久不見的大哥敘舊，每每見面，他總不忘跟我聊一下他三位寶貝兒女們的近況，我從他們很小的時候就認識，也一直關心他們的成長，轉眼間他們也已經在職場上有各自的天地。他們或許有達成對自己的期許，或許對職場感到失望、遲疑，但我欣賞的是這三個年輕人都選擇了自己想走的路，也有沿途思考自己的下一步，調整自己的人生步調。

跟大哥聊了後，也觸發了我心裡深深的感動，回頭看著自己過了一半的人生，很感謝一路給我意見、指教、教訓、磨練或開眼界，甚至讓我下巴掉下來的人們。不管他們是以什麼形式經過我的人生，我習慣在這些際遇之後，把情緒擺一邊，找機會沉澱一下自己，想想自己真正想要什麼，在不同階段，可以成就另一段不一樣的人生。我也鼓勵大家試試，偶爾沉澱一下自己。

一個人如果有機會可以想想，自己到底想要過什麼樣的日子，他們就可以在任何時候出發、走他們想走的路。我常常在想，我現在４５歲了，很慶幸一路上都有偶爾沉澱一下自己，問問自己我想要的是什麼？雖然不一定都有明確的答案，但如果有，就可以做出計劃，然後向前邁進。

回想我在２０～３０歲的時候，想要讓自己在職場上，摸索出適合自己的路，然後儘快的成長。我還蠻幸運的，我積極的工作態度，讓我得到不同主管給的機會，讓我在很短的時間內，可以經歷不同性質的職位。在基金公司從無到有的設立、marketing（行銷公關）、投資研究，到基金行銷業務的角色，最終也得以了解我適不適合這個公司的文化，然後換到不同文化的公司。

在每一個職位工作一段時間後，我都會沉澱一下，想想這個工作角色是我想要的嗎？是適合我的嗎？我的長處是不

是得以發揮？我能不能持續學到新的東西而做的持久？公司的文化是不是適合我？未來是不是有一定的發展，讓我能造就一番自己覺得驕傲的事業表現？

３０～３５歲的階段，是學習如何當一個團隊的領導者，機運讓我成為一個業務團隊的領導者，但一切都需要重新學習。除了建立日常業務運作制度外，我喜歡培養年輕人的獨立思考能力，並幫助他們走出適合自己的職業生涯，畢竟我不會是他們永遠的上司。

相對的，我自己在這段期間，了解了我在向上管理（manage up）這個部分，還是有許多要進步的地方。尤其在公司因為市場競爭激烈而快速變遷的時候，我的改變或許沒有跟上公司改變的腳步，而覺得相對辛苦。這或許可以給年輕的朋友們做一個借鏡。我努力試過在職場衝刺晉升，但或許修養不足、機運不夠，但整個過程還是充滿精彩回憶的，這對我來說還蠻重要的。誰不想在哪天回顧時，想起當年我在工作上是怎樣地英勇呢！

３６～４０歲的我，在３６歲再次沉澱過後，我決定離開職場，經歷了第一次退休。但因為忙碌慣了，有點沒辦法適應退休生活，所以遇到朋友邀約一起創業，又是我擅長的領域，當然就馬上答應了。更何況那時候我的財務狀況完全

無後顧之憂，更沒有理由不接受新的挑戰。

後來我很幸運的有了中年轉業的機會，在職場變遷快速的環境，從我習慣的美系作風轉到歐系文化公司，讓我有非常強烈的文化衝擊！你如果有看過〈艾蜜莉在巴黎〉，你大概可以感覺我的掙扎！不過僅限於工作的部分，感情生活當然沒有她的多采多姿啊。或許這也是我的遺憾吧，哈哈。

４０歲以後是隨心所欲的生活，已經財富自由一段時間了，也知道要做自己認為有意義及對別人有幫助的事，才會樂於其中，並且一直做下去。

到現在我４５歲了，也是第二次退休了，完全地離開職場也快８年了！也因為我經歷過職場上的困頓，尤其是現在職場生涯更快速的被壓縮，同時看到身邊的朋友們也有相似的遭遇，但卻沒辦法和我一樣瀟灑地離開職場。心境沒有轉換，ㄍㄧㄥ下去的結果也許是心理生病、也許是身體生病，我也因此發現，**所幸我一路有堅持做理財投資這件事情，救了我自己，提早達到財富自由，讓我在厭倦職場的時候，可以對人生有不同的選擇。**

經歷二次退休，心裡更踏實了，也更想要把我的退休生活過得更精彩。所以我開始以自己的步調，做我想做的理財

教練計劃，希望可以幫助年輕人們，理解儘早學習理財投資的重要，也幫助他們一步一步的實現他們的財富自由。找到我覺得有意義的事來做，也用我自己想要的步調，做可以幫助別人的事。我真的滿心感謝，至少在我４０歲以後可以隨心所欲的過。

突然想起孔子說：「三十而立，四十而不惑，五十而知天命。」這是孔子的自我報告，他用簡單幾句話，報告了自己一生的經歷。他說三十而立，是說在前面階段的學習和充實自己修養的基礎上，確立自己為人處事，對待生活的態度和原則。３０歲的人應該能依靠自己的能力，獨立承擔自己應承受的責任，並可以確定自己的人生目標與發展方向。四十不惑，是說用自己的原則在經歷許多的人和事後，對自己的原則不惑，而不是說對什麼都不疑惑。五十知天命，也不是所謂的宿命論，而是明白所謂命運，都是自己成就的，因此就應該不怨天、不尤人。後面還有六十而耳順，七十而從心所欲、不逾矩，所以看來我還是有很多可以努力的地方啊！

也因為做財富教練多年，陪伴學員做十年退休計劃或長期目標計劃時，常常到後來會和學員聚焦在職業生涯規劃，畢竟一份全職工作是我們平常收入的最大一部分，長遠來講我們朝九晚五的收入，是不是有成長的潛力？讓我們可以如

期的達成自己的財務目標。為什麼和你們分享這些，因為我年輕時不一定有人可以一路提點我，所以養成了這個偶爾沉澱自己的習慣，也因此受益良多。

　　我剛看完一部 pixar 的卡通電影叫〈Soul（靈魂急轉彎）〉，本來是陪我男朋友看的，但看了這部電影卻有很深的感觸。我從小一直以為自己的人生，一定要有非常遠大的人生目標、要出人頭地。找不到人生目標的人，就像迷失的靈魂（電影裡的２２號小靈魂），但事實上真的達到了目標，也可能發現不長久，或者像主角一樣的失望、失落，發現這不是他要的。反而了解生命的過程，就是每天踏實的生活，這對他來說才是最重要的。

　　如果你有想要達成的夢想、目標，很棒！很棒！值得去努力，但沒達成也不要沮喪、失望、傷心而迷失了自己，你努力的過程是你最寶貴的資產，本來你想達到２００％，你的努力可能已經達成了１５０％，也無遺憾了。

　　沒有夢想也無所謂，但要知道什麼適合自己，什麼才是你想要的，最終，重要的還是自己要有能力，對自己的人生負責。就像孔子說的，３０歲的人應該要能依靠自己的能力，獨立承擔自己應承受的責任，那最基本的責任當然就是自己。有空沉澱一下自己，想想你真正想要的是什麼，如何對

自己負責!

 ## 有健康才有享受自由的本錢

到現在,我享受退休這麼多年(已經 8 年多了),除了
3 年前發現健康有個大問題、開了一次刀,另外就是對「財
富和健康是自由的本錢」這句話最有感覺。我們前面一直在
談如何準備實踐,去努力達成你的財富自由,你才可以過你
想要的美好生活。我以過來人的角色,也想跟大家分享我的
感覺:「健康也是你最終可以得到自由的本錢裡,很重要的
一部分」。

我年輕的時候都不覺得健康有何問題啊,只知道自己的
睡眠品質不好,白天很容易累,但都不是什麼大問題,還是
盡全力在職場生活上衝刺。加上我是牡羊座的,衝起來是拚
盡全力且沒在客氣的。2 0 ~ 3 0 歲大概就是一直在瘋狂衝
刺的階段,健康?傾聽身體的聲音?哪有這個閒情逸致啊。

一直到 3 0 多歲的時候,才發現我真的無法好好休息,
我常躺在床上好幾個小時,翻來覆去睡不著,發現自己一直
處於緊張、握緊雙拳、肌肉緊繃的狀態,然後腦袋不停地運
轉。但也沒有積極的處理,沒有想到這是壓力造成的症狀,

也從來不覺得我是個難以放鬆的人。而現在放鬆了一陣子，才知道真正的放鬆是什麼，目前的睡眠品質好很多了。

公司每年有健檢福利，有幾年發現我的白血球數過高，但也一直找不出原因就作罷。那時有做了一個賀爾蒙和交感神經的測驗。令我印象深刻的是，驗出來的結果是，我實際年齡３０歲，但身體狀況和７２歲的人差不多，除了當笑話聽，我當時也不知道能做些什麼。但３０～４０歲的階段，就明顯的發現，我的抵抗力超弱的，在２０幾歲時有兩年一直反覆感染尿道炎，幾乎一個月有半個月在吃抗生素。到最後我自己都受不了，大量閱讀有關健康的書，想從裡面找到一些關於我的症狀的答案，自己也不停的試驗，因為我知道西方醫學並沒有最好的答案。

好不容易長期尿道炎有了解方。過了幾年，我變成常感冒，一個月有半個月重感冒。常被家人取笑說，只要有人打個噴嚏，你就要躺一、兩個星期，是家裡有名的弱雞。其實我自己也被這個模式嚇一跳，我的抵抗力真的這麼低嗎？有好幾次發現，還真的咧！我因為工作的關係很常搭飛機，在飛機上只要後幾排的乘客打噴嚏，我坐在第一排心裡卻七上八下的，因為十之八九我會中標。那時候就是頭痛治頭、腳痛治腳。感冒就吃藥，拖久了醫生就開抗生素給我。這就是我年輕的生活模式，加上常出差，走到哪裡（大概是歐美、

日本）就買藥，身上至少都有帶著１～２星期的感冒藥。

　　３１歲離婚後的頭幾年，我每晚大概只能開著燈，闔眼２～３小時，除了原本就不好睡，加上離婚的心理影響，讓睡眠對我來說更奢侈了。我那時候甚至提早有了更年期症狀──熱潮紅，冬天時臉卻都是漲紅的。而且離婚後沒多久，很諷刺的我就升官了。自己求表現的個性，讓放鬆這件事越來越困難（當然那時候我也不覺得我不能放鬆），我有幾年早上起床上班時，都有整晚都沒睡到的感覺。但或許覺得自己年輕，而且覺得睡不好這件事已經伴隨我很久的時間，那時候也從來沒有想過尋求幫助。但那時候我有發現，如果我和朋友喝個幾杯，心情比較開心、也比較容易睡著，睡得也比較沉（不過喝幾杯，也意味著很晚睡囉）。

　　所以為什麼決定提早退休，說難聽一點，我覺得我的健康沒辦法負荷了。退休的這幾年，我也對自己的身體有不同的體會，凡走過必留下痕跡，我的健康在經過這麼多年的消耗，又沒有良好的睡眠幫助我的身體修復，抵抗力一直是個問題。在我退休的第３年，答應出版社寫第一本書的時候，我因為懷疑自己更年期提早到來，才意外發現我有甲狀腺亢進問題。同時做了全套的健康檢查，又發現胸腺變大、心包膜變大。

　　胸腺是什麼器官？當時一點都不懂（後來才知道胸腺是免疫力的源頭，在你小時候製造免疫 T 細胞用的）。只知道變大絕對不是好事，看了幾個專科醫生，建議都是儘快整個拿掉最好，希望不要是最壞的結果：「胸腺癌」。但是沒開刀、醫生都沒辦法告訴你那是什麼，而且那時只有一個醫生說，他有７０％的把握，可以用達文西手臂（一種微創手術）就能把它清除乾淨，應該不需要做傳統的開胸手術。我的個性是遇到該處理的，就算很害怕我也會去面對、去處理，也還好後來結果不是最糟的狀況。

　　很好玩的是，在自己生病後，才發現身邊有很多朋友也都有甲狀腺的問題，我吃了３年多的藥，已經把甲狀腺的狀況調到正常，但醫生還是不願意讓我停藥，我也一直在尋找非傳統醫學的方法，幫助我自己可以擺脫藥物的控制，後來也的確有再把身體的機制，調回甲狀腺亢進前的狀況。回想起來，我覺得離婚的時候，應該就已經有甲狀腺亢進的問題了，只是我沒有自覺而已。

　　我也跟不少醫生談過我的睡眠狀況，甚至和一個熟識的神經內科醫師深談，他鉅細靡遺地了解我的生活作息。但意外的發現，我真的是能做的都做了，包括白天運動、打坐、晚餐前洗澡、睡前不看３C用品等等。到後來他問我喝酒有沒有用，我說似乎有用，但我不是容易喝醉的人，而且喝多

了反而更清醒，他說如果這樣，他的確沒有其他的選擇，只能開安眠藥給我。但我也還是秉持不願意吃安眠藥的原則，因為我知道吃安眠藥的人，狀況並沒有很好，也沒有真正解決問題。我還是自己努力尋找改善睡眠的方法，在不靠安眠藥的前提下。這幾年我開始可以睡得很好，而且真的覺得「睡得好、人生是彩色的，睡不好、人生是黑白的」。去年的健康檢查，我又做了一次賀爾蒙和交感神經的測驗，這次的結果說是我現在的狀況（實際４４歲）和５２歲的人差不多，將近進步了２０年，這可是很大的進步！我很開心。

我雖然有這麼長的病史，但我並不是醫療險、癌症險的支持者，我一直覺得以現在醫療發達的程度，應該是預防勝於治療。醫療險、癌症險只是在你已經是最糟情況的時候，給你一些財務上的補救，實際上也沒有幫到什麼。但是為什麼要等到最糟糕的狀況呢？所以雖然退休後沒有公司的健檢福利，我每３年還是會自掏腰包，做一次詳細的健康檢查。現在的預防醫學已經很發達，提早發現可以避免身體和心理的痛苦和折磨。這或許是我和有些不願意去做健康檢查，怕發現問題的人，最不一樣的地方吧！

現在的我睡得好，白天精神好，知道自己真正放鬆的時候是什麼模樣，也已經超過一年，連一點小感冒都沒有，大概是我幾十年來都沒有的巔峰狀態。現在回想起來，我的病

史不少，跟我這麼多年在職場上的健康消耗應該有關係。如果我年輕的時候可以多一些自覺，多找一些方法幫助自己，會不會好一些？是不是可以避免這一刀，避免罹患需要長期吃藥的疾病，我是不是可以更有活力，活出更精彩的人生。

雖然大家會覺得我的年紀不大，也不過４０未過半，但和幾個比較熟的國中同學見面，大家最常聊的就是健康問題了。一個經歷過爸爸罹癌過世，一個自己經過幾次開刀，一個腦波有問題、有時癲癇發作，再加上我。感覺現在社會環境和職場生態，對健康的耗損，明顯越來越提前了。

分享我自己的經歷給各位年輕朋友，是希望大家都可以儘早留意並觀察自己的身體，傾聽身體的聲音。有些感覺怪怪的、不太對勁的地方，試著由症狀找出原因，或者改變生活作息看看是否有幫助。醫生不一定可以給你絕對的幫助，就跟投資理財一樣，你要聽一聽他們的意見，但最終要自己篩選資訊，自己決定要怎麼做。你或許可以更早避免遇到像我一樣的遺憾和困惑，也更有本錢享受你現在的人生，或以後的財富自由人生。

你對有錢人的態度，反映出你能致富的機率

　　曾經有一次接受訪問時，我碰到一位很有個性的主持人，他問問題的方式，像是想把來賓問倒的感覺，或是他會引導你去認同他的觀點。他問的其中一個問題是：「你有沒有投資過房地產？」當我回答：「我曾經把房地產列為我投資項目的一部分。」他馬上表現出很反感的表情，而且也不太想去隱藏自己的想法。

　　我看在眼裡不禁想，他身為一個財經節目的主持人，對有錢人卻有一種仇視或批判的態度，這是不是他已對自己的致富觀念設限呢？對於金錢及對人的態度，我覺得是我們可以學習及反省的。

1 有錢之人，或許有可取之處

　　我向來是樂於向成功的人學習取經的。對我來說，雖然每一位的成功致富方法，不一定都適用在我的身上，但是他們的創意思維和執行力，對我來說都是很大的啟發和鼓勵。他們知道如何去找到適合自己的方法，然後努力地去實現，尤其是貫徹執行的精神，不是每個人都能做到的。

了解有錢人是如何致富之前，你要知道不是每個人都是完美的，當然我們也是。別人的價值觀或投資邏輯，不一定和你的條件符合，但是只要不偷不搶、不犯罪，我們都可以藉由他們的故事、吸收他們的長處，同時也能反觀自己的優缺點來做調整。但也有一些人認為自己比有錢人清高，因而批判比自己更成功的人，我覺得這種態度就是畫地自限了。

2 有錢人是如何看待投資的？

有錢人讓錢替他們工作。他們知道「投資」很重要，而且「投資成功」才是增加財富的關鍵。雖然「存錢」也重要，但投資才能幫助你變富有。「存錢」意味著把錢放在一個安全的地方，一直到你想拿出來為止。但大多數的儲蓄帳戶不會有高利息，所以這筆錢基本上放進去就靜止不動，時間長了或許還因為通貨膨漲、整體物價水準上漲，而使你的錢購買力下降而貶值。

但是有錢人知道，明智的投資會帶來可觀的回報，所以存的錢一定要拿來投資，然後你可以再持續不斷的進行投資，持續增加財富。記得當你投資某樣東西時，你也接受了一定程度的風險，但是沒有任何一樣投資是沒有風險的，多少都會帶來損失。因此千萬不要因為貪心，而去做超過你所能承受損失的投資。

3 有錢人會願意承擔計算好的風險

有錢人不會在重大財務決策上下賭注，他們會盡其所能的去想辦法降低風險。他們會花時間進行研究、分析和思考，並確定哪個選項最適合他們的財務需求。他們會權衡利弊得失，然後才做決定，去承擔他們計算好的風險。通常他們會問自己：「這樣會讓我更接近我設定的目標嗎？」以這個準則來做出他們的財務決策。他們不會輕易就去承擔對他們沒有好處的風險，並且在涉及金錢的時候，不會採取漫不經心的態度（所以才會常常聽到有人說有錢人都很小氣）。他們需要時間思考，因為他們知道，如果不思考就輕率地做出決定，將來一定要承擔後果的。

4 有錢人願意花時間自我提升

有錢人通常是樂於學習的，而最快的學習方法就是大量閱讀。但你會發現，他們不會花時間在一些小說書籍上。有錢人明白快速學習的重要性，要讓自己快速吸收到別人的經驗，使自己變得更好、更有能力。事實上，如果你看到他們床邊堆放的書籍，你會發現很多都是關於自我提升的書。大概有８５％的有錢人，每個月會閱讀兩本或更多的自我提升相關書籍。只有１１％的有錢人是為了消遣而閱讀，但一般

人卻有高達７９％的比例是為了消遣而閱讀。另外有９４％的富人會閱讀新聞刊物，一般人僅有１１％的比例。

5 有錢人花時間反省及思考

　　許多白手起家的成功人士，每天都會花一些時間在反省和思考上。他們會在安靜的空間裡，待上３０分鐘（或更長時間），讓他們能夠專注在反思自己的生活和目標，思考自己的事業和財務目標，並分析他們目前的狀況，以及他們想要達到的位置。Critical thinking（批判性思維）和嚴謹的思考，對於有錢人而言可以保持市場領先位置，藉由專注的思考來看清未來可能的變化，是非常重要的。

　　專注於自我提升和思考的人，也較能將天馬行空的想法落實與執行。有些人可能會用寫日記或寫計劃的方式，或者用 excel 試算等方式（我用 excel 比較多），來幫助他們將想法轉化成實體的作法和執行方案。只要確保你把時間花在有成效的思考上，不要把你的精神浪費在消極的思維上，因為這會讓你不斷 second guess（不停猜測）你自己。有錢人會思考，然後試著去印證。

6 要能為別人的成功感到欣慰

　　媒體或人們都愛很聽到關於有錢人或名人的負面消息。也有許多人會以偏概全的批判:「有錢人就是勢利的人」或「為富不仁啊」等等。若是聽到有錢人的負面消息,就愛一起落井下石,老實說,關你什麼事啊?!因為沒有人是完美的。而且如果在你的成長過程中,經常聽到關於有錢人的負面刻板印象,那麼你的潛意識裡就會對有錢人產生不好的聯想。

　　這樣的潛意識可能不會幫助你變得富有,因為你當然不想成為一個「勢利的人」或「為富不仁的人」,或者是任何你覺得有錢人的負面形象的那個樣子。但你錯了!相反的有許多成功的富人,都是付出了一定的努力,才獲得他們應得的。就算你覺得他們的財富是天上掉下來的,認為他們這輩子可以這樣,或許是前幾輩子修來的。有太多你不知道的事,但若憑著片面的消息就批判他人,真的是沒有必要。要能替別人的成功感到高興,這才是正面的財富思維。

7 搞清楚你為什麼不喜歡有錢人!

　　我有時候會聽到別人說:「我討厭有錢人!」我認為他們並沒有搞清楚,為什麼會討厭有錢人!我年輕的時候也曾有過這種想法,而且曾經說過我不想嫁給有錢人。但是在經歷過一段失敗的婚姻後,而且很大的原因是價值觀的差異,

且溝通多次也無法改善。因此我思考了許久，釐清自己並不是討厭有錢人，而是不想嫁入有錢人的家庭，失去了自主權。也不太喜歡富二代，因為有滿多的富二代生活都非常養尊處優，不知道要如何賺錢，但卻懂得如何花錢。在我想清楚了以後，我更願意以開放的態度，向有錢人學習成功的經驗和方法，我的財富也增長的更快了。後來也找到在價值觀上能跟我匹配和溝通的伴侶。

請你誠實的問自己，你討厭有錢人的原因是什麼？如果是因為酸葡萄心理，那這意味著你不是真的討厭有錢人，你只是討厭缺錢。記得，如果你只會用負面的方式，表現你對錢的態度，那麼對你的財富也是有負面的影響！

最後，你只需要問問你自己，你也想成為有錢人嗎？

如果你因為自認清高、拒絕回答，不想談錢這麼俗氣的事！那就不要怨嘆自己沒錢。一旦你的決定是想要變有錢！那就要堅定信念並努力去實現，不要碰到困難或阻礙就輕言放棄！你必須要承諾自己，你一定會盡全力去付出。因為變有錢可不是簡單地說說，把「變有錢」當作一種流行口號或是口頭禪而已。你要知道大部分的有錢人，可是試過不少方法及努力，不斷持之以恆才能變有錢的。若想變成有錢人！請一起加油！

儘早認清自己的財務是自己的責任

　　大家可不要以為我天生就知道要如何理財的,我也是經歷過不少慘痛的教訓。我年輕時是一個揮霍無度的女生,覺得面子很重要。從小到大,就算家裡並不寬裕,金錢從來都不是我需要擔心的事,因為有爸媽在。長大後,我也是沒有什麼金錢觀念,更不用說存錢這件事了。我每天就是渾渾噩噩地過著眼前的日子,有多少錢就會花多少錢。剛開始上班的時候,我認為父親已經是很成功的生意人了,而我是家中的長女,當然是要被「富養」的呀!我想不少家境不錯的二代或是三代,也都有這樣的想法吧。

　　我父親認為累積信用很重要,所以很早就要我申請信用卡,不過那時他也有疏忽的地方,就是他會一直幫我支付信用卡帳單。雖然父親有叫我記得還他錢,但我則是能拖就拖,根本就不想還啊!久而久之,我欠下的刷卡金額,居然也累積了超過百萬元,那時我也才剛開始工作一年多而已啊!出社會沒多久就負債百萬,賺的不但不夠還,而且還越欠越多。我父親覺得這樣下去不行,於是嚴厲的要求我把積欠的卡費全部還清,並且要求我自己支付信用卡帳單。

　　現在回想起來,還好我欠的不是銀行而是老爸,不然加

上循環利息，所欠的百萬卡費可能已經滾到兩、三倍了呢！從那時候起我才覺悟，知道理財真的是自己的事，有個富爸爸，並不能保證你一定能擁有財富，財富必須要靠自己賺來才會留得住。尤其是我臉皮薄、脾氣倔，當時覺得面子掃地，但也知道是自己理虧，從此之後我就賭上一口氣，決定要自己搞清楚如何去創造自己的財富。

提早認清「自己的財務是自己的責任」很重要！像我之前「覺得應該要被富養」的心態，出現在不少家庭環境還不錯的小孩身上。因為他們從小不愁吃穿，沒有擔心過錢的事，所以他們的生活條件標準也就比較高，也比較容易會有「這些是我應得」的心態。這樣的人在出社會後，也還是可能會依靠父母，持續過著高標準的生活。只是他們的收入並不一定能負擔得起，後來也只能眼巴巴的等著父母分配遺產了。

如果你今天有提早認清「自己的財務是自己的責任」，而把自己的財務管理得有條有理，使你的生活無虞，你就不需要一天到晚擔心有沒有遺產可以繼承，長輩們也更放心身後把財富留給你，或是委託你處理。如果沒有正確的心態，就算今天你幸運地繼承了大筆財富，你也是要儘早學習如何管理啊，不然再多的錢也很快就被揮霍殆盡，這也是為什麼我們常聽到「富不過三代」的原因。

現在，只要你有錢，你的理財專員或具有國際認證的理

財規劃師（CFP），都會願意幫忙規劃你的金錢，畢竟他們的收入來源和你的金錢有一些關係。但客觀來看，或許也沒有你想的這麼美好，畢竟他們的工作大部分都有業績壓力，而大部分的績效就是客人向他們購買金融商品的金額，他們的業績獎金或收入，很大部分也是與他們的業績成正比的。就算你找到不收取買賣金融商品的佣金，只收取財務規劃費的 CFP 理財規劃師，他們所收的費用也是參差不齊，很難去評斷他們的服務是否真的適合你的需求。

但也不應該為此有偏見，本來天下就沒有白吃的午餐啊！只要你覺得他們的建議，在經過自己的判斷後是適合的；對方賣的金融商品，你也覺得是適合的，那就無妨。沒有人是應該要提供免費的服務，如果是免費的，你也很難開口要求品質吧！如果你想找個專家規劃，你也要先了解自己的現況，想要達到的目標是什麼，並對於要如何達到目標有基本的規劃及想法，不然也很難找得到真正適合你的專業服務，因為你無法評估是否適合你啊。

那再回到我自己的故事，在我好不容易卡債還完了之後，我就專注在如何讓自己成為富有的人，而不是當一個有錢人的女兒。還好我已經有了覺悟，也認清自己的財務是自己的責任。加上我天生就是好奇寶寶，願意花時間去了解我有興趣的新事物，當時的新鮮事就是理自己的財。其實我個

性膽小、保守、不喜歡變動，但我會願意在有準備的前提下，去試一試各種新的投資及不同的理財方法，所以我透過學習及嘗試了解不同的投資工具，包括各式金融商品（股票、基金、甚至衍生性商品等等）、房地產、商業不動產和公司投資等等，在我不同的人生階段裡，找出當時適合我的理財投資方法，來累積我的財富。

　　其實能在年輕的時候，在金錢方面遭受到挫敗，大概是我這輩子最幸運的事了。因為失敗而讓我有所覺悟，讓我在很年輕的時候，就已經清楚知道我想要的財富目標，必須要靠自己的努力獲得。學會設立自己的目標，按照計劃去完成階段性目標，才可以達成最重要的終極大目標。也因為我開始的早，讓我有更多的時間和機會可以跌跌撞撞地摸索、犯錯及調整，藉以找到最適合我的理財方式。

　　感謝我父母潛移默化的身教，以及我生命中願意給我機會磨練的人。我希望今天藉由這個機會與大家分享我自身慘痛的經驗，讓你們更有勇氣去面對自己的財富人生。剛開始或許你會不知道該從哪裡開始，會感到茫然、害怕和躊躇不前。希望你們能透過我所分享的簡單步驟，讓你很快的建立成功的理財觀念，並設定出目標及計劃，找到最適合你的理財方式，達成你想要的財富自由。

PART 2

萬事起頭難，
從學會存錢開始

KEY POINT

02

萬事起頭難，從學會存錢開始

 關於存錢這件事

是不是蠻多人說到存錢這件事，都會不知道該怎麼啟齒？每次看到戶頭都會有些心酸，為什麼錢永遠都不夠花呢？每每聽到身邊的朋友或同學們在談投資或買房置產時，心裡總是很羨慕，真希望自己也有錢可以投資並加入他們的話題，但是看看自己的存摺，唉…為什麼別人可以，而我不行呢？

大家有聽過一個史丹佛大學針對幼稚園小朋友的實驗嗎？在這項研究中，見面就先給小朋友一個小獎勵：一顆棉花糖。然後要求他們等待約５分鐘，５分鐘後沒吃掉手上棉花糖的小朋友，就可以有兩個小獎勵：兩顆棉花糖。接下來研究人員和小朋友說，若是可以再多等久一點，就會獎勵更多的棉花糖（或椒鹽脆餅棒），小朋友可以自己選擇。然後研究人員離開房間，約１５分鐘後再回來，看看小朋友能不能克制自己。

後續研究中，研究人員發現這個自制能力的實驗，和這群幼稚園小朋友長大後的人生成就，有非常大的關聯。能夠等待更長時間，獲得較多獎勵的孩子，往往會有更好的成就。例如能夠獲得較高的 SAT（美國大學入學考試）分數，受教育的程度也較高，體重指數（BMI）也維持的比較好。這個實驗結果很明顯，就是能得到較好的人生成就，和小朋友成長的家庭經濟背景，其實沒有那麼大的關聯，反而自制力才是重點。這項研究的目的，是為了了解兒童何時可以形成自制力，以及自制力的養成與往後人生表現的關係。**「自制力」也稱作「延遲滿足的控制」，指能夠等待獲得想要的東西的能力。**

其實，有沒有辦法存錢，和你的自制力有很大的關係。換句話說，和你有沒有能力去做「延遲滿足的控制」有很大的關係。想花錢的當下，你有沒有找到有效的方法，讓自己

可以控制或放下當下的慾望，省下一筆原本不需要的消費。

這個實驗的過程中，有一段影片是研究人員問了一個最可以等待的小朋友：「小朋友，你可不可以告訴我，若你很想吃手上的棉花糖的時候，那怎麼辦呢？」他說：「對啊！我好想吃棉花糖喔，可是我又想吃更多更多的棉花糖，而且我發現卡通也好好看喔，我也想看卡通。」實際的觀察是，這個小朋友的注意力，一直在棉花糖和卡通之間遊走，每次當他想拿起棉花糖的時候，他就轉向電視走去。很難說是棉花糖或是卡通哪一個的吸引力較大，但這位小朋友的確是在有意無意中，找到一個讓他的自制力生效的好方法，就是找到讓他可以分心的事，使他不會一直迷失在棉花糖的誘惑裡。

我做了那麼多集的 Podcast 節目，其實大家可以發現，我都沒有分享如何存錢這件事情。最主要是因為，存錢是一個我們可以開始理財的基本。現在其實只要有一點點錢就可以開始投資，也不是說要有多大的資本才能開始，我比較想要談論「如何培養自制力」這件事，這才是存錢和理財的基本重點。

有人會問我：「如果沒有本錢可以理財嗎？」我的回答通常是：「或許你一開始是借錢來投資，短時間內就可以馬上開始理財，但這樣的開始大部分都不會有太好的結果，最

主要問題是因為你沒有培養自制力。」就算你今天幸運地賺了錢，賺來的錢也很容易就會消失不見。若運氣不好賠了錢，那就會背負很大一筆債務。如果你沒有豐富的投資理財經驗，我通常都不鼓勵一開始就用借來的錢去做投資。用自己的錢來做投資理財，你才會更深刻的去體會成功或失敗的心路歷程。

在「女孩向錢進」第13、14集的2020年年終特輯裡面，Rose 老師也透過星象，表達了她對存錢這件事的想法。很有趣的是，我們的想法居然不謀而合，就是：「**你有沒有真的想要去做存錢這件事。**」至於用什麼方法其實都見仁見智，每個人的個性、脾氣不同，花錢的習慣也不同，所以用什麼方法可以啟動你的自制力、不衝動消費，你自己的體悟會比別人告訴你要怎麼做來得有效。

舉個例子來說，我向來不是用記帳的方式來強迫自己存錢的人，因為我已經很清楚自己每個月的固定花費，而我只要專心的去面對非固定開銷的部份，就可以省下非常多錢。對我來說，非固定開銷就是比較奢侈或一時衝動的消費。

我也有轉移注意力來避免衝動消費的方法。例如在逛街時，若我看到某個很想要的東西時，我會很努力的讓自己多走幾圈，在我多走幾圈的同時，我也會一直思考家裡有沒有東西可以替代？如果已經有了，我就會知道不需要購買了。

我的方法是透過一直走動當作運動，消耗我的體力，當我覺得累了，也就不會想要再折返回去買那樣東西。另外若我想到有可以替代的物品，那就更沒有理由花這個錢了，不是嗎？

存錢最重要的就是你的初心，存錢只是一個方法和手段，你是不是有能力展現你的自制力，遞延（延遲）你的花費，使你可以更快地達成，能讓你超級滿足的終極目標才是重點。至於如何遞延眼前的小滿足的方法，我相信已經有許多媒體都分享非常多了，你只要真的有這個初心和自制力，那就只要找出你可以身體力行並對你真的有效的方法。

記帳，是幫助不了解自己開支的人，透過基本記錄來了解自己的花費。並觀察自己的開銷是不是一直這麼穩定？或是常常每個月的開銷都波動很大？透過記帳讓你了解自己花費在哪裡，幫助你釐清是不是基本生活費太高？或是奢侈的花費太多？若兩者都多，當然就必須要檢討及調整一下，如果減少了奢侈的費用還不夠，那麼基本生活費裡，是不是有什麼東西還可以再減少的？這才是重點！畢竟基本生活費是你一直會有的支出。

我是個不記帳的人，應該從我年輕時想要理財開始，我每個月的例行檢視，就讓我了解了自己的支出，知道自己的花費是多少。很清楚什麼是基本生活需求的支出，和什麼是

奢侈性或者是衝動型的支出。所以我只要半個月過完，就可以知道這個月我能存多少錢，只要把衝動性的消費減下來，其實每個人多少都能存點錢的。

　　如果你想要再存更多，就要檢視你最基本的生活支出，是不是真的是必要的支出？通常都會需要花一番功夫來釐清，如果自己找不到問題在哪，你可以找一個花錢及存錢習慣都不錯的好朋友，請他幫你看看並提供點意見。和價值觀不一樣的人討論，可能會有一些自己看不到的盲點被發現。若找到了可以再調整的地方後，那就必須回到你想存錢的初心，激發你的自制力並好好實踐，這才是記帳的最終目的。

　　剛開始透過記帳了解花費的朋友們，我也建議你們不要太拘泥於細節，不需要把每一筆５元、１０元的花費都記下來，這很容易讓自己失去耐心。培養自己對日常開銷的敏感度，記帳幾個月之後，你應該就會很清楚自己的花錢模式，了解哪些地方可以做調整。之後就算你不記帳，在你花錢的當下，你也能清楚知道，這個是你平常基本要花的錢？或是一時興起的消費？是不是可以即時找出適當的方法，讓自己的自制力生效，延遲你急於想要滿足的小慾望，如此才能更快達成自己的終極目標，這才是我們要做的！**找出適當的方法來提升自制力，來達到存更多錢的目標！**

　　我的第一本書裡有提到 The Minimalist 極簡主義者 Joshua

Fields Millburn & Ryan Nicodemus 這兩個人的故事，你在
Netflix[註]上也可以看到他們兩個人以簡約生活為主題的電影。
我為什麼會舉這個例子呢？主要是跟流行一陣子的「斷捨
離」觀念有很大的關係。我發現很多人都在實行斷捨離，其
實只是因為流行而跟著效仿，但沒有了解到其中真正的意
義。The Minimalist 這個例子，最主要是說一件很重要的事，
就是「**了解什麼是對自己重要的事情，然後減少那些不需要
的事情**」。並不是每個人都必須要過像日本僧侶一般的極簡
生活，而是大部份現代人的問題是，我們會賦予物質有太多
的含意，常常為了得到名車、豪宅、華服、名牌包、名錶這
些東西（或這東西表現的含意）而賣命工作，放棄與家人相
處的時間、我們的健康和我們的愉快心情，或是我們真正想
做的事情。

（註：Netflix，網路電視的第一大品牌，在全球擁有超過2億個訂閱使
用者。）

你想擁有汽車或豪宅？很好！想要不只養家糊口，還要
有成功的事業？如果這些事情對你很重要也很好。極簡主義
只是讓你更有自覺，可以更直覺地做出這些決定，專注在對
你重要的事情上，減少浪費在不必要的事物上。這並不代表
想要或擁有物質是一種錯誤，極簡主義是可以幫助你找到心
靈自由的工具。讓你免於恐懼、免於束縛、免於罪惡感和免
於沮喪，擺脫消費和世俗的束縛，由我們自己決定要如何建

立自己的生活，怎麼花自己的錢，而不是活在別人的期望或眼光中，這才是真正的自由。

我常常在想，我如果之前可以減少那些不必要的花費，我可以退休得更早，至少能再早 3 年退休。其實不只我有這個遺憾，很多退休的朋友都有同樣的想法。**存錢只是讓你可以提早達成財富自由的一個手段，使你及早了解並努力往你想要的目標邁進。**提升自制力，不要讓自己因一時的軟弱，做出偏離目標的決定，致使你需要付出更多的努力，才可以實現你的目標。找個夥伴一起努力實現存錢這件事吧！希望你是那位可以等到最後，吃最多棉花糖的小朋友！

 ## 你最大的實質收入來源──你的工作

做一位財富教練，常也需要連帶提供職業生涯的諮詢服務。因為一份穩定的全職工作，帶給你的不僅僅是廣闊的人生歷練，更重要的是一份穩定的收入。職業生涯規畫好的話，財富自由離你更近。但若工作碰到瓶頸，除了工作變得不愉快之外，若是遇到更糟狀況，而被迫離職或裁員，連基本的收入都沒有了，那該怎麼辦呢？

最近我從身邊的女孩們那裡，聽到了太多關於工作的抱怨。或許因為景氣的關係，他們所遭遇的挫折和打擊，是被

要求以更高的標準來評估工作的表現，或是因爲 politics（辦公室政治）的因素，她們被降級、冷凍，因此心情低落、自信心大受打擊。 我很想與年輕朋友們分享我過往工作，碰到瓶頸時的經驗和想法，以及最近和一些面臨經營艱困的企業高階主管們（尤其是旅館旅遊業、藝文產業等等）的討論，得知他們對未來的看法，還有他們如何怡然自得地面對工作困境的心法。

很多人羨慕我這麼年輕就退休，其實說好聽的是我辭職不做了，但說難聽的是我覺得我沒辦法再撐下去了。真正讓我決定從職場退出的原因是，有幾次在職場上面臨到挫折，之後心態始終沒有恢復的很好，造成我對工作的熱情不再，甚至感到厭倦，並出現憂鬱、長期失眠、無法放鬆的狀態。所以一旦我有了經濟上的後盾，可以有所選擇的時候，我決定爲了心理和生理的健康，退出職場叢林好好休養。所以近日聽到年輕人們的工作抱怨，也再次觸動了我，想和大家分享並提供一些想法給你參考。

其實不管你在哪個職位上，我覺得你可以學著先從不同的角度「換位思考」。我會學著把我自己放在老闆的位子上，想想現在公司的狀況，以及他會想要達到什麼樣的目標。公司面臨的困難及挑戰，如果你是老闆，你會怎麼做調整？這樣你就可以更進一步了解，你現在的工作內容，是不是可以

滿足公司的需求，或者對老闆來說有更重要的 priority（優先項目），那你是不是其中的一部分，就算你的職位在短期來說或許會有變動，但長期來說會更安全，且更有升遷的機會。

再來試著練習把自己放在你直屬主管的位置，想想你直屬主管會被公司如何要求？他又會如何要求你的 performance（工作表現）？尤其主管認為你的表現是影響他升遷的助力還是阻力呢？如果你試想過後的結論是令人憂心的，而現在的景氣又不太好，那你最好趕快想清楚自己的下一步，同時儘量保持低調，讓自己有多一點時間考慮退路。相信我，大部分的人會想盡辦法，保護自己在職場上的職位及薪水。你想保住自己的工作，你的主管們一定比你更想，因為他們的職位更高、薪水更高啊。職場上向來是說 manage up（向上管理）比 manage down（向下管理）更重要，你的主管們是讓你保住職位的重要資源。

當然，我不能保證你不會碰到很誇張、很離譜的上司，你甚至不願意稱他為主管。我自己就碰過這樣的上司，雖然他最後比我早離開了公司，但卻完全磨掉我對工作的熱誠。你應該有聽過一句名言：「不要和豬打架！」就算你不願意為了他努力工作，但請為了你自己努力。你或許認為他是豬，但是豬為何可以在這個位子上待這麼久？他有哪一點是老闆看得到且用得到的地方？但你卻看不見的？如果你開始想到

這點，那麼你就離成功更近一步了！

我會建議年輕朋友們，在不影響 work ethics（職業道德）和 integrity（正直）的基本條件下，儘量與各階層、各部門的上司們，保持良好且順暢的溝通。這能夠幫助你不陷入一定的政治角力，沒必要選邊站！廣結善緣就是為自己的未來留下更多的機會。千萬不要認為自己是 politics 的受害者，就算是吧！但「It's the same shit everywhere！〈狗屎的事到哪裡都會有！〉」你覺得換間公司會比較好嗎？這也是沒有一定的啊！換個腦袋或許會比較快。你以為別間公司會沒有同樣的問題嗎？學習如何面對會比逃避來的實際多了。

另外一個有幫助的態度就是「保持靈活彈性」。你越靈活、你的選擇就越多。勇敢面對你對「改變」這件事的恐懼，人的慣性永遠存在，但職場的慣性卻已經被大幅的壓縮。今天公司想調動你，前一、兩次還會好好的遊說你，若你都不願意，你覺得接下來會如何？你的慣性如果擋到了公司或上司的路，你很容易就被視為公司提升的阻力。在大環境不好的時候，很快的就會降職或需要另找工作。這些我都經歷過，身邊很多朋友們也都經歷過，所以希望你可以更全盤、客觀的來看這件事。

大部分的人碰到這樣的挫折，會很主觀的感到忿忿不平，覺得自己的貢獻被抹滅了，公司對自己不公平，感到非

常冤枉。這種傷害及被錯誤對待的負面情緒，會跟著你好一陣子。如果沒辦法讓自己儘快走出來，時間久了可能會危及到你未來的職業生涯發展！請想辦法讓自己從這些負面情緒中走出來，這非常重要！我會請一些比較正面的朋友們幫忙，並不是跟他們訴苦，我是要請他們提醒我，我的人生還有其他更值得的事在等著我，要一直往前看，不要在這裡就卡住了。然後我也會透過打坐或一些另類的情緒療法，來幫助自己平復情緒。如果你真的一時之間走不出來，也請你記得，勝負不是一時的，想辦法讓自己在事業上發展得更好，這才是會讓那些人跌破眼鏡的最好辦法！

　　記住，No one is irreplaceable！（沒有人是不能被取代的！）不要因為高估了自己的重要性，而使自己在職場上遭遇危機。我發現身邊的朋友裡，有退休年齡大幅下降的趨勢。原本大家認為退休的年齡約為６０幾歲，但現在職場的變化太快，身邊退休的人大約都在５０幾歲，甚至４０幾歲的也大有人在，而且大部分都是不得已的情況下退休。所以保持自己在職場上的靈活性很重要！如果你可以在時機好的時候，proactive（積極主動）一點的話，公司會認為你積極靈活，在時機不好的時候，你也比較不容易面臨到非自願的調動。

　　要知道中年轉職越來越不容易了，一旦失業，找工作所花的時間只會越來越長，而且找到的工作，不會是你所期待的階級或薪水。但若你不願意放下身段去做，找工作的時間

拖得越久，就越難找到你想要的工作。如果你拖過兩年都沒有找到工作，又沒有好的理由可以解釋，或者是曾經當過主管，又不願意在職級或薪水上妥協的話，那麼你很容易會被迫完全從職場退出，我身邊可是有不少血淋淋的例子啊！

我之前和幾個飯店業和藝文產業的執行長、高級主管們私下討論過，尤其是經過 COVID-１９（新型冠狀肺炎）後，他們認為觀光、旅館業至少不景氣 5 年，就算恢復了，整個營運形態也會和現在非常的不一樣。如果你剛加入這些產業，或正在就讀觀光與旅館相關科系，或是在其他產業工作的朋友們，他們有一些誠實的建議可以給各位參考。

第一步，請你想想 Are you in the right job （你做的工作適合自己嗎）？

在你回答這個問題之前，請廣義的想一下，你工作是為了什麼？答案通常是為了穩定的收入，用來養活自己或是養家活口。也有的人會是為了擴展人生的見識，而對自己的職業生涯成長有一定野心的人，會認為至少要做到主管階層，或是年薪達多少，才能不負此生。

接著請你回答 Yes or No（是或不是）。

　　如果你的答案是 Yes，你覺得現在做的工作對你來說是個 right job（適合的工作），那麼在景氣不好的情況下，除了努力堅持下去外，辛苦時也要想辦法從中找到樂趣，或是可以安慰及放鬆自己的方法。而工作的心態也要靈活應變，若你所在的產業正面臨巨大困難，你仍然能繼續堅持這份工作嗎？

　　若你的答案是 No，目前的工作你覺得不適合你，那該怎麼辦呢？換工作嗎？換工作絕對是一種方法，但是你若希望能轉換到更好的工作，那就需要有充足的準備。

第二步，了解自己的優勢，你適合什麼樣的工作？

　　能夠給你想要的職業發展的工作，到底是什麼呢？如果你覺得維持現狀就夠了，那麼你可以維持現狀多久？現在的職場競爭激烈、汰換率快速，同樣的職務和工作，公司不需要用資深的人員，也不需要給這麼高的薪水，也能找到更年輕、更有衝勁和更便宜的選擇。所以，安於現狀絕對不是安全的策略。

　　現在因為 COVID- 1 9 疫情影響各行各業，還有 AI（人工智慧）取代大量人力，也許未來很難達成你所預期的工作期許。思考一下，你的長處是否可以幫助你，在其他的領域

找到更適合的工作。若你擁有熱誠的服務態度、溝通能力和銷售能力，能努力解決別人解決不了的問題，這都是較不容易被取代的個人長處，相信其他的產業和職位，也一樣需要有這些專長的員工。有的老闆也願意聘請不同產業背景的員工，來改變公司長久不變的文化，只要你擁有他們可以借重的技能，轉換一份新的跨產業工作，並沒有你想的這麼困難。

我自己有個習慣，在有新人加入我的團隊的時候，我都會和他們一起思考他們的職涯規劃。因為他們不會一直留在我的團隊，甚至是這個公司，而幫助他們找到自己未來的職涯方向，也發掘出他們可以自我提升的地方，這樣他們和我一起工作的時候，反而會更加積極也更能享受工作。因為他們能夠透過工作得到成長，並且很明確地往下一個階段邁進。

第三步，儘早自我提升、投資自己

自我提升其實分兩個面向，一個比較屬於態度上的養成（例如聆聽、歸納、正面且積極解決問題的能力、溝通能力和領導能力等等）；另一個就是技能的養成（例如寫程式的技能、考取證照、學習投資理財等等）。以上若能越早發現不足而越早開始準備，對自己的職業生涯發展也會越好。

你要儘早思考，自己想要什麼樣的職業生涯。這些都是

在你踏進職場前就要先思考的，而不是碰到困難或瓶頸時才去思考。你現在開始採取行動永遠都不嫌晚，因為很難保證下一次的瓶頸何時出現。及早準備，就有更多的選擇！

我有天聽到一位我很佩服的朋友分享。她是空姐出身，在２０２１年８月底，離開了她跟了１０多年的藝文界老闆，並進入另一個全新的行業，不過她依然是擔任一級主管。你知道這有多難嗎？超過５０歲才跨行轉業，但還是能夠擔任領導者。

她跟我說，這幾年的工作經驗讓她深刻的體會到，不要太固執於一定要靠你自己做出決定，不要只堅持你所知道的。做 leader（領導者）不管你多努力地快速學習新事物，還是不一定所有事情都能了解。你必須要學會聆聽，並帶領團隊找出共識，這才是一位好的領導者。換句話說，新的領導者不一定是在知識上比任何人豐富，而是更善於利用自己的溝通與領導優勢，引導團隊去做出更正確的決策。或許，這就是她可以在這個年紀，事業還能如此成功的祕密！

就算現在沒有目標，也要且戰且走地規劃

有沒有夢想都無所謂，並不是每個人都知道自己想要什

麼，老實說，我就是這樣的人，更糟的是我又是長女，大家
總是對我有「要出人頭地的」的期待。但是沒有目標或夢想，
不表示你就不需要規劃自己的職業生涯。

　　你的財富和你最大的投資有關，那就是你賣命、賣青
春、賣腦力的朝九晚五工作。既然你要把最寶貴的時間和體
力，投資在職場上，那麼你當然要做到最好，同時得到最大
的回報，也才不枉你人生裡最大的投資啊！這個投資做得好
的話，會給你帶來人生中最大的財富。所以在你的職業生涯
規劃上，要持續進步、修正、規劃及培養，讓自己持續成長，
就是讓你這筆投資能夠更好的關鍵，就像投資股票一樣。

　　首先，要先了解自己的優點和缺點，並持續觀察自己，
你做什麼事情會比較開心和有熱情，依此來思考適合自己的
下一步是什麼。我很幸運，我的職業生涯是從一間新的小投
信公司開始，在 marketing（市場）部門負責公司形象建立的
工作，例如公司的設立和申請、產品手冊製作等等。我們的
第一支基金開始募集，而我有相關的經驗，因此業務部想找
新的業務來整合集團內的資源，而這通常是投信公司的業務
不會想做的工作，因為要花很多的時間及精神，但是得到的
投資金額（業績）卻很少。但我覺得一直坐在辦公室，每天
只對著電腦工作，太不符合我愛社交的個性了，想說這個業
務工作，可以跑遍全台灣的集團企業（包括銀行、汽機車公

司、保險公司等等），我就覺得可以去試試。

那時我見了不少形形色色的人，也用不同的方式介紹基金投資給不同工作背景的人。也察覺到作為基金業務，我對市場資訊的了解不足，因此我會提早到公司，參與投資研究部門每天的早會，那時大概只有我一個業務持續做這件事。過了一段時間，投研部的副總就問我，願不願意幫忙在投研部早會開始前，做幾分鐘的當天全球市場概況簡報，這是投研部目前沒有人做的事。我是一個需要不同新的刺激和挑戰的人，雖然這個任務需要我付出額外的時間準備，暫時也沒有實質的金錢回報，但我想持續充實自己，所以也就欣然答應了。

就這樣的忙著招募基金，一直到募過了門檻可以成立了，公司也可以繼續經營下去。因為暫時還沒有第二支基金可以募集，業務的工作就變得無聊了。但我之前的任務（多接的工作）給了我新的機會，投研部的副總問我有沒有興趣加入投資研究部，做股票研究和投資建議。如果可以學習如何運作一支基金，對我而言不只是職業生涯的進步，也是全新的挑戰，所以我就接受了！

以我的例子來說，我進入職場的職位並不是我爭取來的，是剛好對方願意給我機會，而我當時只覺得終於找到工作了。我那時也不知道自己要的是什麼，但既來之則安之，除了做好工作外，也觀察自己是否適合這份工作，不斷修正

「什麼才是真正適合自己」的想法，慢慢找出自己的下一步。但不要忘記，就算你還是不知道自己的目標，你依然要一直不斷地增強自己的能力，不管是技能、知識、溝通技巧等等。這樣的持續投資自己，才能為你帶來新的機運。

假若你是社會新鮮人，在你的職業生涯的前三年，如果你不清楚自己的目標是什麼，你就要不斷嘗試各種性質的工作，找出對你的職業生涯發展有幫助的工作。我很幸運，在我初入社會的第一間公司，短短一年半的時間，就有這麼多歷練的機會，也讓我更清楚什麼樣性質的工作，適合我的個性，讓我的長處得以發揮。所以當新的機會到來時，我可以很快地判斷是否能接受挑戰。並持續不斷地充實自己，等待下一個新機會來臨。

有了一份工作，不只要做好自己的本分，還要學會換位思考。在公司裡所謂的升遷，通常是看你能否勝任直屬主管的工作。你如果跟到一個有能力的主管，他也不會只滿足於他目前的職位，他一定會尋找下一個晉升的機會，不管是在現在的公司或是別的地方，同時他也一定在觀察，部門裡是不是有可以培養的人才，能夠幫助他並使他的工作更輕鬆、更有效率。如果哪天他高升了，他也會願意提拔你。如果你的直屬主管非常害怕有人表現得比他好，怕有人跟他搶位

子，那我就會奉勸你，跟這樣的人工作，學習的空間不會太
大，因為他的眼光太短淺了。

　　就是因為這樣，你更要學會換位思考。不要像木偶一樣，
被下一個指令才去做一件事，覺得我有做好主管交代的事就
好了。尤其是在亞洲國家，我們從小就是在必須要聽從指令、
服從權威的環境下長大，也從不會去思考為什麼要這樣做。
你如果可以訓練自己，把你思考方式，提升到團隊領導人的
角度或更高的位置，這樣你會比較清楚為什麼你會被要求做
這件任務，重要的地方到底在哪裡。你甚至可以建議主管，
用更有效率的方法，來事半功倍的達成任務，我相信你的主
管或老闆一定驚訝於你的表現。

　　當然不只是為了讓老闆對你留下深刻的印象，更重要的
是你會得到更多成就感和熱誠。工作了一陣子，也不一定滿
腦子只考慮升遷，或是薪水有多少，更重要的是，這份工作
能不能讓你獲得成就感，讓你能夠持續做下去。

　　每個公司都有不同的新人入職教育方式，如果你有欣賞
的上司，就算是不同部門的主管，我建議你也可以請他們給
你一些職業生涯的建議。我自己有點後悔，如果我年輕時有
開口請幾位我欣賞的主管，給我一些職業生涯的建議，或許
我就能少犯一些錯誤，並更快地知道自己的缺點，加以改進
和補強。

其實開口並不難，大部份主管都蠻願意給予意見的（誰不喜歡被人請教），所以只要你有誠意地開口，請他們分析一下你的優缺點（記得聽了以後要有風度，不要急著辯解，只要聆聽就好了），尤其不一定只針對你目前這間公司的職業生涯，也請他們客觀的給予建議，例如 3 年、5 年或更長期的職業生涯。會主動開口請教，表示你在乎你的職業生涯規劃，也願意投資自己，這些主管們也會比較願意給你機會歷練，若有好的機會也容易想到你。

我自己後來當主管了，也會幫我的團隊成員做職業生涯的規劃和分析。這麼多年下來，可以看得出來，真的想要成長的人，在職業生涯上的發展，跟那些不願意努力的人相比，還真是天差地遠啊！就算你沒有明確的目標，但你必須要嘗試去努力摸索，繼續向前進。加油！不要猶豫，持續去做就對了。

投資自己，讓你的人生持續創高峰

前兩天讀了一篇經理人雜誌的文章，談到「你的職涯道路能爬多高、走多遠？關鍵在心態是『Day 1（第一天）』還是『Day 2（第二天）』」。作為職場的老榮民，我讀了是很有感的。不只是我們的職業生涯，人生也是一樣的。保持「自

己還可以更好」的心態，投資自己、持續成長，生活才會過得更充實開心。

　　這篇文章是成功創業家「Amazon 的貝佐斯」的採訪內容。世界上的企業分兩種：擁有「Day 1（第一天心態）」創業心態的公司；擁有「Day 2（第二天心態）」停滯心態的公司。Day 1 是保有創業「第一天心態」，包含堅持以客戶為中心、不被工作流程綁架、儘早跟上新趨勢，提升決策速度且保有高效的工作品質。Day 2 則是企業隨著成長而不自覺走向停滯，一間成熟的公司，可能停滯幾十年而不自知。

　　他認為，擁有「第一天心態」的企業，正要開始發展潛力。然而擁有「第二天心態」的企業，已經停止創新，接下來必然將走向衰敗、最終死亡。只有保持「第一天心態」的創業初衷，才能使得這間已成立超過 20 年的大企業 Amazon [註]，至今仍被視為創新標竿。

（https://www.managertoday.com.tw/columns/view/57363?fbclid=IwAR1
zAJm1zEZ9XSrs-eyRmhOQ0I0d6mm59Rysw3gJ-TmsGxXbF3hziy98uc0）

（註：Amazon 亞馬遜公司是一家跨國電子商務企業，目前是全球最大的網際網路線上零售商之一。）

　　白話來說就是，如果你的心態變成了「夠了，這樣很好了」，那你或許就開始停滯了。若你的心態是「我應該有什麼地方可以再進步一些」，那麼你的人生應該會很不一樣。

　　職業生涯畢竟佔我們人生很大一部分，年輕的時候，如

果可以保持「我應該還可以再進步一些」的心態，多投資自己，可以讓你的職業生涯更順遂、精彩一些，不僅你的口袋會更深，還能讓你的視野、心境更寬廣。

　　我發現網路上其實有不少談論「投資自己」的文章，閱讀了並沒有太深刻的感覺。但這個議題真的很重要，這也是許多資深人士不堪回首的懊悔，也是許多年輕人容易忽視的。我想大家也知道要投資自己，但卻沒立即採取行動。所以我將當初後悔沒去做的、或是可以做得更好的經驗來和各位分享。

　　我簡單的把我的人生從讀書後、入職場到現在，拆成 3 個 10 年來回顧。

　　20～30 歲初入職場，所謂「初生之犢不畏虎」，就像一頭呆呆的小笨牛，自以為自己很厲害。現在回過頭來看，如果可以重來，我會在以下這些方面加強自己。

1 多花時間沉澱、了解自己

　　看到自己的不足，花時間沉思也是一種投資。年輕的我，每天只顧著工作，不管主管交付什麼任務都照單全收，加班就是我的日常。不加班的時候，下班就和同事、朋友玩樂或約會，以忙碌為藉口，鮮少花時間在自我成長上。加上牡羊

座怕寂寞的個性，我花太多時間在沒有必要的人際關係上。

2 投資自己的腦袋

　　如果有試著沉澱，就會找出方向來投資自己的腦袋、增加實力。如果自己喜歡廣泛地學習，而不是專精於某項事物，那就可以多學習一些和工作上沒有直接關係，但有相關衍伸的知識技能，例如演說、溝通、領導能力的培養等等，讓自己多一些廣度。

　　也要多花時間去瞭解及觀察，職場上的人際互動關係。不要以為人家因為你努力工作、準時完成任務就會賞識你，有些我年輕時候犯的錯誤，我到現在想到還會從睡夢中驚醒（不誇張）。

　　要瞭解為什麼有人在職場上表現非常普通，卻可以輕鬆得到晉升；有人做得要死要活，卻一路與升職無緣。而我就是屬於後者，及早知道 work smart（聰明工作），還有與人相處、溝通的技巧，或許可以讓我不用工作得那麼勞心勞力。

　　雖然最後我也有獲得升職，但在升職之前的那段期間，管理層們或許認為我還年輕、還可以等（也許是我沒有特別得人疼，沒有願意拉我一把和替我說話的人），所以一路上有不少表現得沒那麼好的人，被晉升上來當我的主管。所以，要謙虛地學習人際間的相處之道，並找到適合自己的導師，

若他願意提點你、幫助你，必要的時候拉你一把，就能幫你避免掉很多不必要的顛簸路。所以回過頭來看，我會想要更虛心的去觀察、學習人際相處的眉角，並尋找適合我的導師。

　　３０～４０歲的我，除了持續地自我提升，那時候也到了修正自己在生活中的心理和健康狀況。這個階段，不是只有為了職業生涯打拼，更要為了往後的生活品質而投資自己。除了原本工作技能的修正與增強之外，應該要開始花些精力，為生活增加一些色彩。

　　還好我很早就知道錢的重要，從２０歲就開始有理財投資的習慣。我２０～３０歲雖然有在投資，但都還是在摸索的階段，跌跌撞撞的時期比較多，也會人云亦云的盲目投資。如果我那時可以比較有決心，我會花更多一些心思學習投資，就可以少走那麼多冤枉路。

　　３０～４０歲的時期，我在投資理財方面已經比較有定性，也因為有跌倒過而累積了不少經驗，知道適合我的投資方法。加上２０～３０歲有累積一些資產，投資部份也算是有增長。所以３３歲之後，更因為資本比較大、複利的速度更快了。還好老天有保佑，我居然可以耐得住性子做投資理財這件事，不然我的後果可能不堪設想啊！

　　我在這個階段的初期就經歷了不愉快的離婚，再加上工

作的雙重壓力下，其實心裡有很多不平衡，也沒有抒發的空間。我沒有正視到自己的內心需求，認為只要專心在工作上，讓時間淡化一切就好。可是現在回頭看，那時候把自己逼得太緊，而且也壓抑習慣了，沒有想到其實可以在心靈成長上去學習和提升。如果那時候有意識到自己心理上的需求，或許我就不會工作倦怠感這麼嚴重，而提早退休對那時的我來說就是最好的選擇。我的職業生涯或許可以更久，可以在職場上多打滾幾年，現今可能會有一番不同的局面。

　　我一直到３５歲才開始理解，生理上的一些問題，不是靠醫生就可以解決的。之前在健康方面的投資，大多是花在健康檢查、藥物、營養食品和看醫生上，但健康的問題卻不減反增，雖然都不是什麼大病，但加起來的確造成生活上的諸多不便和痛苦。一直到我不得不面對的時候，我才開始願意花費時間和精力，透過運動來鍛鍊身體。以前對我來說最寶貴的是「時間」，所以總是以「時間不夠」當藉口拖延。但其實時間是可以依據事情的先後順序來取捨的，如果這件事真的很重要，你再怎樣也會想辦法空出時間的。後來發現其實花時間和精力去運動是非常值得的，除了能鍛鍊自己的體力，最主要也最明顯的就是心態變正面許多。這個決定我應該要更早就開始做，而我這幾年也更不吝嗇於花錢請健身教練、營養諮詢，使自己過得更健康、心情更放鬆，省了不少看醫生和吃藥的費用呢！

　　40～50歲的我，越來越喜歡現在的自己，因為我已經可以用一個更客觀的角度來傾聽自己的需求。知道自己不是年輕時那自以為是的無敵鐵金剛，了解自己情緒較容易緊繃，尤其在面對壓力時，心理和生理都會有一些不適反應，抗壓性其實沒有自以為的那麼好。我面對壓力和挑戰時的冷靜，只是長時間被訓練出來的而已，並不代表我有好好處理表面下的情緒和壓力。所以花時間了解自己，並且找到如何與自己相處是很重要的，因為我們的人生到了一定的階段，都必須學會一個人獨處。越早學會和自己和平相處，當自己永遠的另一半，你可以過得更自在、更享受。

　　在這個時期的我，也對人際關係有更深刻的體會，尤其是經過 COVID-19 的洗禮，加上退休多年，體會到「君子之交淡如水」、「平淡如水，才能細水長流」。我們過往的人際關係能夠變成一輩子朋友的，其實並不多，我們可以舒服的做自己，也可以用開闊且毫無批判的心情，讓對方也舒服的做自己。只需要結交幾個真正知心的朋友，就是你一輩子的友情資產。我的知心好友用兩隻手的手指也算得出來，他們平常並不一定時時與我聯絡，偶爾我們才會一起聚聚，聊天的話題也只是一些柴米油鹽醬醋茶等瑣事。但我必須說，這些朋友偶爾真心的金玉良言，或是在我低潮時期的無聲陪伴，是我這一生得到最寶貴的禮物。

最後我到這個階段還是要強調，只有不間斷的「學習」，是你要面對的人生功課。年輕時你不想面對，但最終還是避不了的，並不一定是要為了什麼目的而去學習，只是為了讓自己未來的日子過得更好。像我從小就不愛演講或在大眾面前說話，但在學生時代卻不斷的被老師們要求，甚至到工作時期，我也一直要面對這個問題。現在從職場退休多年了，到處演講卻成了我目前的重心，所以我一直在尋找能幫助我提升演說技巧的教練。

而我有時會覺得情緒上有點卡卡的，也許過往的不愉快生活經驗，把自己困住了。但重點是要知道如何釋放自己，讓我們找到心理平靜的平衡點。其實我從３０歲開始，也有在學習一些心靈成長相關的課程，幫助我學會放鬆和療癒自我，今年也有不一樣的課程即將開始。

投資自己有很多不一樣的方式，可以上網找免費的資訊，或是購買書籍研究，甚至找適合的課程或教練來帶領。這當然取決於你的需要和急迫性，先從了解自己的不足開始，一步步地探索並投資自己加以成長。一輩子的路很漫長，透過學習能讓你的人生更加有趣，也會為你帶來更多意想不到的驚喜收穫。

PART 3

投資前需要做的準備

KEY POINT

03

投資前需要做的準備

 想要開始投資，我準備好了嗎？

很多人認為投資就是理財，其實理財是一種態度、一種
思維，涵蓋的範圍大於投資非常非常多，投資只是理財的其
中一部分。所以如果你想要開始投資了，有沒有什麼是應該
要事先準備的呢？

許多人在開始做財務規劃或投資之前，並沒有想到要設
置財務安全網這件事。沒有考慮或規劃這部分，會讓你的財
務計劃，因為意外的發生，而脫離你原本預期達成的目標。
如果事先有財務安全網的規劃，你會有更高的機會去達成你
的目標，而不會受到「意外」的影響，人難免都是「不怕一
萬，只怕萬一」的。

財務安全網的設立

　　財務安全網的設立，並不只是為了自己而已，更是為了保護你的家人（或者財務上依賴你的人）。若因為某些意外事件發生（如重大疾病或其他悲劇），讓你失去了工作能力，也失去最基本的財務保障，破壞你原本的長期財務計劃。

　　我們其實可以採取一些最基本的措施，來開始建立自己的財務安全網。財務安全網到底是什麼呢？不是只有單一的存款或者特定的保險，我的安全網準備大概分成了三個部分：

急用基金的準備

　　有句話說：Save it for a rainy day.（留著以備不時之需）。急用基金有時候也被稱為雨天基金，讓你碰到雨天時，可以撐傘保護自己、不被淋濕所用。通常是活存帳戶中的一筆資金，當有意外事件發生時，臨時需要急用而可以馬上動用的錢。由於這些意外事件，可能會帶來一些基本財務上的影響，例如突然失去工作、車禍意外的醫療費用、不在原本預期中但必要的維修費用，例如不修車就無法工作等等。

　　急用基金是你的財務安全網中，最最最⋯基本的部分。這筆錢的唯一目的，就是在緊急情況下可以馬上動用，在你

急需要用錢的時候，讓你和你的家人可以避免因為沒有準備，而需要去借高利率的貸款，例如信用卡債、信用貸款等等。

而這筆錢是在一般正常的情況下，不能隨意去動用的準備金，而且要放在可以很快動用的帳戶裡。但不建議把你的投資商品，例如股票、基金、定存等等，當作急用基金的一部分，雖然有些投資商品變現的時間也很快，但是因為臨時意外的發生，會影響你原本投資這個金融商品的策略，破壞你原本預期的回收規劃。

那準備多少金額才是足夠的呢？我建議是至少 6 ～ 12 個月的薪水金額，但這個數字其實是非常主觀且因人而異，也會因為你對工作或生活上的規劃改變而改變。舉例來說，如果工作不順，你覺得你或許要被迫換工作了，你認為以當時就業市場的狀況，保險一點來預測，大概需要多久時間可以找到新的工作，來作為調整準備金的依據。

如果我有什麼「萬一」

安全網的第二個考量就是，如果我有什麼「萬一」！如果你的工作有一些職業災害風險，或是你因為家族遺傳的疾病，會有較高的風險得到特定疾病的話，你也許可以考慮「失能給付」的保險。「失能」是指如果你因為生病或受傷無法

工作，這類的保險可以給予你一點基本收入。有些人認為買這種保險是一種奢侈，但事實上，對於高風險族群或沒有工作以外的其他收入的人來說，如果患病或受傷，長期沒有工作收入，透過這種保險或許能提供很大的幫助。即使你有其他的財務資源，但也要問問自己，資金夠用嗎？你可以用現有資金來長期支付必要的支出嗎？例如房屋貸款，不定期支付就會失去房子的所有權等等，這種情況就要好好衡量一下，自己有沒有辦法承擔這種風險，這才是需要預防的萬一。

　　請記得，你無法對所有事情投保（因為你絕對保不完），也不應該嘗試對所有事情投保（因為保費成本絕對不划算）。我因為過去的工作經驗，認識許多壽險公司的經理人們，其實他們私底下都認為，只要有做好財務的規劃，保險並不是那麼的需要。我很喜歡綠角在〈The Ten Commandments of Money（富有的祕訣）〉這本書的讀後感中說：**「保險的核心精神是『保你無法承受的重大損失』」**，而不是「Buy insurance so you don't have to pay out of your pocket（買保險是當有事發生時，你不用自掏腰包來付錢）」。現在有很多花俏的保險項目，用各種補貼的名目來吸引消費者購買，看準消費者貪小便宜的心態。請記住保險的基本精神，是「保你無法負擔的重大損失」，因此不要被各式花俏的保險產品所迷惑。

　　請問問自己：目前你和你的家人，可以在沒有收入的情況下生活 3 個月嗎？希望答案是沒問題的，因為你已經建立了急用基金。但如果沒有收入 6 個月呢？或是一年？希望依然是沒問題的，而且若要更久呢？如果你不僅沒有收入，還要維持基本支出、房貸、小孩學費，甚至還要增加醫療費用的支出呢？如果你答案是否定的，那或許要考慮一下，什麼樣的保險是你真正需要的。

　　你如果工作有勞保、農保、軍保、公保、學保、國民年金保險之外，公司通常也會幫員工投保團保，以公費（公司出錢）或自費（公司統籌，員工自費）的方式，來補充不足的地方。只要是在職，就可以有這個保障。所以在考慮自掏腰包，買更多的保險之前，你應該要先了解，你所屬的社會保險加上團保，有保到哪些範圍（你可以詢問公司的人事部門），了解後再依你自己的狀況考慮，要不要加強或補充不夠的地方，為自己省下保險成本，也能少花些冤枉錢。

　　其他的保險，如醫療險、意外險等等，其實只要考慮你是否有家族病史，和自己的生活習慣、行事態度，是否容易粗心大意，若評估發生意外的機率是高的，再來決定是不是值得花這些保險費用。

　　舉個例子，我前兩年健康檢查時，發現胸腺增生而必須開刀。開完刀後，我的保險業務員服務非常好，很快就幫我

處理理賠，也因為是好朋友，她來拿資料的時候，我還吐槽她說，以我繳的醫療險費用，我大概至少要開刀超過三次以上才能回本吧。但我很清楚，其實準備好基本的醫療費用準備金是很重要的，而保險可以幫忙補貼一些額外自費的費用，但真的有划算嗎？保險公司也是要賺錢的，但現在醫療科技發達，預防重於治療，我每3年做一套完整詳盡的健康檢查，或許都比盲目支付醫療險的費用還要省啊！

人壽保險

如果你有伴侶、孩子及需要扶養的家屬，若你不幸去世的話，你的家人有可能負擔不起基本生活費，那麼人壽保險就是你需要考慮成為你金融安全網的一部分。試想一下，如果我走了，我的家人能夠支付房貸或是維持基本生活？你的人壽保險理賠是為你的家人提供基本扶助的資金，如果你不幸死亡，他們不會因此要面對失去主要經濟收入的許多問題。

許多人將人壽保險作為遺產規劃和現金累積的一部份。或許人壽保險可以是你遺產規劃的一種工具，但也請與稅務專家確認，因為各國的遺產稅制都不盡相同，也不停在更改，所以請先確認好相關稅務細節，否則不會達到你原先想要的節稅效果。

很多單身的年輕人，目前並沒有需要靠你們撫養的人，也不需要做遺產規劃，所以人壽保險可能不是你財務安全網的必要部分。若你認為保險可以強迫自己存錢，或當作一種投資工具的話，這時請你回歸保險的基本精神——你付出的保費，是用來交換如果有你無法承受的事件發生時，得到一定的給付，獲得基本的保障。

若想要用保險來理財，不如自己學會如何投資理財，成功的機率更高，也能節省不需要的保險成本。保險成本就是你繳出去的保險費用，越是複雜、越包山包海的保單，往往保險成本也越高，而保險的成本有很大一部分是業務員的佣金收入。年輕時，我只比較專注在急用準備金的部分，結婚後才投保了一個非常基本的保險，但這幾年下來才發現不值得。

以上和大家分享，我對財務安全網的安排，準備好後能使我安心且持續地理財投資，但到現在我還是會定期調整安全網的金額。你的財務安全網在不同的人生階段，也會有不同的考量，但基本上希望能以這 3 個大方向來考量。你要不要也開始規劃，屬於你自己的財務安全網呢？

基本財務信用的建立

建立自己的金融信用非常重要！

　　社會新鮮人會希望能在工作１０年後就買房，若要實現除了要有理財計劃和努力執行之外，還有一個很重要的準備工作，就是建立自己的金融信用。現代人常會利用不同方式的貸款，來獲得多一些的資金，幫助自己圓夢或投資理財。例如：房貸、車貸、助學貸款和信用貸款等等。但很多人在申請貸款的時候，才發現你沒有辦法得到好的貸款利率，或是沒辦法借到你需要的數目，甚至被退件，導致你在起點就失敗了，無法達到你原本想達成的目標，或是你需要付出更多的成本，但其實這都和你的金融信用有很大的關係。

　　良好的信用紀錄，有助於你及早達成你的目標。小到申請信用卡，大到辦理分期付款、房屋及汽車貸款、現金卡、信用貸款等等。金融機構當然也需要降低呆帳的風險，不然太多人還不了銀行錢，銀行的營運也會有問題，所以金融機構有一定的審核機制及他們考量的因素。

　　最基本一定會列入審核的條件，除了你的工作收入是否足夠和穩定外，另外一個重要的依據，就是金融機構會從「聯合徵信中心[註]」，調閱你的綜合信用報告。

（註：台灣財團法人金融聯合徵信中心簡稱「聯合徵信中心」，負責蒐集個人與企業的歷史信用紀錄，還發展信用評分機制、建置全國信用資料庫，提供給金融機構查詢和利用。）

你的綜合信用報告，是你過去還錢的歷史紀錄，反映出你的財務狀況與「準時」償還債務的能力。也是銀行用來評估，未來貸款給你的風險高低。

透過你的信用報告，銀行還會用不同的參數去計算，評估你的信用分數，作為他們要不要借你錢、借多少錢的考量。所以，就像聯合徵信中心的提醒一樣：「一份良好的信用紀錄，是經由長時間的累積而來：珍惜信用，請從當下開始。」

我發現很多人並不知道，要維持自己的金融信用的觀念。不少來找過我諮詢的人，不管是初入社會、或已經是職場經驗充足的外商主管，都不一定知道維持好的信用，就可以在財務上幫他們爭取更多的資源，省下更多借貸的成本，而利息就是你借錢的成本。

有些人在和我談過之後感到捶胸頓足，馬上將因為懶散而沒付的信用卡帳單付了，或是趕緊想辦法把循環利息付清。但你的信用並不只是付清那麼簡單，還需要時間才能恢復及累積你的良好信用。大部分來找我諮詢的年輕人，通常 10 年內想達成的目標，大多是想有足夠的資金買一間房子。這麼大本錢的長期投資，都會需要利用房屋貸款來達成。

那建立良好的個人金融信用，就必須儘早開始，一步一步建立信用紀錄，並小心的愛惜自己的羽毛。

我的 Podcast 節目「女孩向錢進」的聽眾除了台灣外，還有香港、新加坡、馬來西亞、美國、英國等等。信用評分制度在美國、英國早已經存在很久，目前大部分的亞洲國家也都有類似的制度實施。每個國家的信用評量制度稍微有些不同，但各個徵信單位的網站，都有關於他們如何搜集資料的詳細說明，台灣是由「聯合徵信中心（以下簡稱聯徵中心）」負責。

換句話說，如果你今天申請貸款，你申請的銀行就會向聯徵中心申請你的信用報告，來了解你的個人金融信用程度。包括你和所有金融機構的貸款紀錄、還款狀況、跳票紀錄，和你名下的信用卡使用與還款的狀況。另外各個金融機構、票據交換中心等，也會定期上傳你的信用紀錄給聯徵中心做整合，每個月持續更新你的信用報告。

如何開始建立自己良好的金融信用呢？如果完全沒有金融信用活動的紀錄（開戶、存錢、提款並非金融信用活動），現在就要開始有建立良好信用紀錄的習慣。最基本的可以從申請一張信用卡正卡開始，並且請儘早申請。就算額度低也無所謂，因為只要你的使用正常、還款正常、無拖欠紀錄，通常一年後，你都可以向信用卡公司要求提高你的消費額度。

出社會一年後，我就申請了屬於自己的正卡。越早開始
累積你的優良信用，就會有較好的信用評分。可以早一點申
請，並且要去使用信用卡，但不要因為各銀行的優惠不同而
一直剪卡、換新卡，因為這樣會中斷你的信用紀錄累積的時
間，時間的長短也會列入信用評分的考量。保留至少一張信
用卡做長期使用，會對你的信用歷史的累積有更大的幫助。

另外使用信用卡的時候，也儘量不要使用到太逼近你的
信用卡額度，因為這會給金融機構一個印象，你總是花錢花
到接近自己的上限。所以借錢的時候要多些同理心，想想借
你錢的人心裡會怎麼想？

你的信用報告上，會有所有你向銀行借款的資訊。除了
信用卡之外，你和其他任何的金融機構有借款的話，也請你
要正視準時繳款、償還的承諾。等於是現在考慮借你錢的人，
可以看到你以前借錢時是否有按時還款？如果沒有，你很難
說服新的對象借你錢，若說「這次不一樣、這次我一定會準
時還」，並不能提高你的信用，只有你的行動才能說服他們。

只要你有授信異常的紀錄（就是你沒有準時還錢的話），
就會有 3 到 5 年的揭露期間，會一直留在你的紀錄上，即使
是貸款已經繳清，在這段很長的揭露期間裡，你的信用分數
會被打折而受到影響。但是如果你之前與金融機構的往來有
異常，後來又維持正常繳款，經過一段時間，你的信用分數
還是會慢慢回升，但就是需要時間。

　　各金融機構於每月１０日前，會提供前一個月份的授信資料給聯徵中心，聯徵中心則於每月 15 日左右，更新前一個月的資料。所以申請日期的不同，也會影響到你的報告狀況，如果你希望金融機構看到你已經清償之前的貸款，那麼日期的部份也是要考量的。

　　另外信用報告中還會列出「被查詢紀錄」，這紀錄會揭露最近 3 個月內，向聯徵中心查詢你的信用紀錄的金融機構。若在 3 個月內有太多家金融機構來申請調閱你的信用報告，你的「被查詢紀錄」太多，容易讓其他的金融機構認為，你是不是信用方面有什麼問題，因為同時有多家金融機構來調閱，表示你一直沒有借到你想借的錢，或者其他金融機構願意給你的貸款條件都不好，甚至不願貸款給你，所以你才會一直密集的找別家借款。

　　銀行也有可能把這個現象解讀為，你近期向多家銀行申請貸款，有積極擴張信用的風險（就是儘量借到你能借到的錢，有點準備跑路的感覺）。所以，請你先做過利率和貸款條件的比較，篩選到一、兩家條件不錯的銀行後，再去洽談貸款事宜，和銀行了解大概的狀況之後，再授權銀行調閱你的信用報告，會是比較好的做法。或是在銀行正式向聯徵中心查詢你的信用報告之前，你可以先向聯徵中心申請一份信用報告給銀行參考。每人每年有一次免費申請信用報告的優惠，用這份報告請各銀行先行評估可借款的額度及條件，讓

你能夠具體的比較，然後再決定向哪家金融機構貸款。當你決定後，再讓銀行依內部程序，正式向聯徵中心申請你的信用報告。

有些人認為自己不需要借錢，而沒有積極建立自己的信用紀錄。如果你平時沒有金融機構的借貸紀錄，或沒有使用信用卡的歷史，或是使用歷史小於 3 個月，信用機制就沒有辦法評分，會出現「無法評分」的狀況。雖然說「無法評分」並不代表信用不良，但卻是說明你沒有信用借貸的經驗，這對借錢給你的人來說，也會是比較高的風險。所以，至少建立良好的信用卡使用紀錄，以備未來臨時需要的借貸需求。

請愛惜並好好的建立自己的金融信用羽毛吧！在你需要的時候，貸款利率是你投資理財的成本，借的利息可以越低，你的成本就越低，風險也就越低，獲利的機會就越高。現在每個人、每年度都有一次免費查詢的機會，先到聯徵中心的網站，使用「個人線上查閱信用報告服務」，來看看自己的信用狀況如何？！

 投資理財前要有的基本觀念

我在股票投資有超過２０年的經驗，有幾個重要的基本觀念，是你在進入股市之前就要具備的，不管你有沒有體認，

但請把這幾條謹記在心，對你的投資勝算和投資情緒上，會有很重要的影響。雖說聽起來都是很簡單的觀念，但就算是在投資市場幾十年的老手，也不一定可以遵守，因而造成判斷失誤、悔不當初啊。

天下沒有白吃的午餐

做生意的人都是要賺錢的，賠錢的生意沒有人會做。你的理專、業務員向你提供他們知道的市場資訊，希望用以交換業績。你也知道他們也是拿人薪水，需要做到公司的要求（業績），只要你覺得他們給你的建議、賣的商品，在你經過判斷評估後是適合的（這是最重要的部分，因為他們不會都是對的，如果他都是對的，那也不需要做這份工作），跟他們買也無妨。沒有人是應該提供免費的服務的，如果是免費的，Too good to be true！（美好到令人難以置信！）你也很難開口去要求品質吧！記得天下沒有白吃的午餐，There's no such thing as free lunch！

諾貝爾經濟學獎得主「傅利曼」的哲學：「**沒有人會在乎浪費別人的錢。**（Nobody spends somebody else's money as carefully as he spends his own.）」這句話確實有道理，你的錢要靠你自己顧好。不要再怨嘆：「某某給我的建議或是報的明牌都不準，害我被騙了。」是不是你自己沒有做好你該做

的功課呢？不要像小朋友一樣，把過錯都怪在別人身上。

像馬多夫（Bernie Madoff，美國金融界名人，前納斯達克股票交易所主席）在獄中過世，擁有非常多獨特的財經背景歷練的他，真的是不需要用龐氏騙局[註]詐騙 600 多億美元。他因為太貪婪，也抓住許多人有這樣的心態，所以很多大公司老闆和所謂的專業人士都被騙了，還不是普通散戶或菜籃族。他們以為可以每年毫無風險的賺到 Madoff 說的高報酬，才貪心地把錢投進去，從來沒有想過，連巴菲特每年都賺不到這麼多錢了，有這麼容易年年獲得高報酬嗎？ Madoff 怎麼能輕易做到呢？多一些質疑絕對是好的，並想辦法去釐清你的質疑。自己找到問題的答案，如果找不到答案，那麼寧可不投資。

（註：龐氏騙局 Ponzi scheme 是一種非法性質的金融詐騙手法，它不停吸引投資者並利用後期加入的投資者的資金，向早期投資者支付利息或回報，製造營運正常的假象。）

舉個例子，廣受投資大眾喜愛的「高配息基金」，它幾乎成為近年理財商品的銷售保證。正常來說，基金配息的來源，應該是基金投資股票的股利收入或債券的利息收入。以現在的市況來看，全球股票市場的平均股票配息殖利率，大約在 3 ％～ 5 ％之間，高收益債的殖利率[註]也大約在 6 ％左右。但市面上的「高配息基金」年化配息率，常常高達 7 ～

８％，甚至更高！你也許沒想清楚其中隱含的風險，除了幣別和投資內容之外，最大的祕密就在於，基金業者把投資人的本金當作配息的來源之一。

（註：殖利率指股票的現金殖利率，本書 Part 4「存股領股息，就能致富嗎？」）

「配息來源可能為本金」的字眼並不陌生，為了滿足投資人的配息需求，部分基金業者反而將投資人所投入的本金，假借配息的名義還給投資人，所以把投資人自己的錢當成利息、配息給投資人，基金公司還是有手續費、管理費可以收取。這些不合理的高配息基金，在包裹著高配息的糖衣下，卻沒有很明確的告訴你，你的本金可能面臨損失的風險。

觀察目前市面上強調穩定配息的高配息基金，配息來自於本金的比率，經常高達３０～４０％以上，這也是為什麼有些高收益債基金（高配息基金的一種），在成立了十幾年之後，基金淨值可能還是低於面額。

還有一個例子，市場熱銷的南非幣高收益債基金，雖然號稱擁有逾１０％以上的高配息率，但若翻開對帳單，看一下現在的投資報酬率便不難發現，基金淨值在不知不覺中，已被配息給侵蝕了，更別說還要考慮南非幣已貶值數年的問題了。

因此要記得「天下沒有白吃的午餐」，還有「羊毛出在羊身上」。不管在任何領域，都必須要循序漸進地學習，不要相信所謂的速成，越是「輕鬆賺」、「高獲利、低風險」的投資話術，你就越該有所警惕。

沒有總是「買在最低、賣在最高」，若有大多是運氣好！

投資人在買賣股票的時候，都會希望可以買在最低點、賣在最高點，希望賺取最大的獲利。但這個想法，實際上卻會害死投資人。往往因為這種想法，導致自己錯過買進或賣出的絕佳時機點。想等股價再更低一點時買進，導致自己錯過買進時機點。想等股價再更高一點時賣出，導致自己錯過賣出時機點。要記得，**沒有人可以總是買在最低、賣在最高。** 若有的話真的只是好運，應該要心存感激。

更何況市場其實沒有絕對的高點、低點，只有相對的。所以你現在覺得你做對了，可能兩、三年後你再回頭看，會發現你的決定錯了。很多人沒有回頭檢討的習慣，而我會挑一段時間，回頭檢討之前擁有的投資部位，現在的表現如何？是不是真的如我想的，大漲的趨勢已經結束，我賣掉我持有的投資商品，獲利了結的時間點對不對？其實我發現，

若用長遠一點來看，預測正確的機率真的是一半而已。但我會很高興所賺到的錢，而不會捶胸頓足於我少賺到後面漲的那一段。

　　所以請你放過自己，做出當下最好決定，而不是一直想著要得到最大的回報。我有一位也退休了幾年的朋友，目前約６５歲。退休後幾年，他的身體也有了不少毛病，包括初期癌症等等，他大概也嚇到了。其實他之前的工作是外商銀行交易室的主管，經歷不少市場的大風大浪。他也有自己的投資部位，就算退休了，每天晚上依然會看美股盤，但感覺上短期的交易部位比較多，或許和他擔任銀行交易室主管多年，習慣以機構投資人的角度來投資有關吧。但是聽說他大病之後，對於錢就有些恐慌，怕到老一點錢會不夠用。最近他最常訴苦的，就是他沒辦法買在最低點、賣在最高點，我也只能勸他不要給自己那麼大的壓力，沒有人可以總是買在最低、賣在最高的啊！

　　就是因為這樣，我和幾個有長久投資習慣的朋友討論過，關於沒有人可以總是買在最低點、賣在最高點的這個現象。因為市場是不可測的，我現在的習慣是，如果我覺得是相對夠低的（買）點了，我會儘量買在它「跌深（大跌後）、然後反彈（開始漲），一個新的上升趨勢波段開始」的時候。雖然不能買在最低點，但我買在一個相對新趨勢確立的起漲

點附近，雖然獲利少一點，但風險卻少了很多。賣的時候也是一樣，我儘量賣在「一個大趨勢的新高，但已經開始確定反轉下跌、而且有大量的股票交易」的時候。雖然我沒賣在最高點，但我可以賣在一個大下跌趨勢確定開始的時候，只是少賺一點，卻可以避免完全錯失一個完整的大漲趨勢。以上給大家參考一下。

別人恐懼的時候你要貪婪，別人貪婪時你要恐懼 (Being greedy when everyone else is afraid and be afraid when everyone is greedy.)

有在投資的人，一定聽過巴菲特這句名言：「別人恐懼時你要貪婪，別人貪婪時你要恐懼。」只是這句話大家都知道，卻不是人人都做得到的，因為真的太難了，根本是違反人性的行為。但就是因為這樣，打破一般人的慣性，你的勝算才會高一些。

在２００８年金融危機期間，股市崩潰多日，沒有人知道市場會跌到哪裡、底部在哪裡，市場上人人都很恐慌，都說要保護自己（趕快）離開市場。 於是我賣掉了大部分的持股，在３天內損失了超過千萬新台幣！而且賣在市場相對最低點。現在回想起，當時就算很恐慌，也應該檢查當初投資的決策過程，了解那時影響投資的因素是否有改變，基本面

是否依舊。如果基本面沒有改變，其實一旦市場的理性恢復，股市的波動趨於平穩，股票的價值可能就會恢復。改變你的情緒和心態，反而可以避免犯下大錯。就像我在２００８年股市大恐慌中，因為恐懼而賣在市場的最低點，結果就損失了千萬！

　　投資人要擁有清楚的投資理念和原則，不要盲目的跟隨著別人。**越清楚自己原則的投資人，可以看到別人忽視的機會及危險。**越不盲目、就越不會跟著市場起舞。聽起來很理所當然，但當你身在市場中，很容易感染到別人的情緒，而很難相信自己的判斷。回頭看看我過往的投資經驗，有幾次最成功的投資，都是勇於相信自己的判斷。舉個最近的例子，在大家都害怕中國市場因中美貿易談判居於下風，導致中國Ａ５０ＥＴＦ（在香港掛牌的一支追蹤Ａ５０指數的指數型基金，指數囊括中國前５０大的企業）在２０１９年的年中，因為中國市場恐慌，跌到當時一年來的低點，而我當時就決定應該買進一些。現在就算市場因為這幾年中美貿易議題動盪，我也還有將近２０％的獲利。

　　要學會管理你的情緒，尤其是恐懼！如果你以合乎邏輯且有策略性的方式投資，那麼從你的投資決策過程中，消除非理性的情緒因素是非常重要的。你做得比別人好，就可以在別人恐懼的時候看見機會。

市場其實一次又一次的給投資人機會，但總因為違反人性的邏輯，所以投資人就一次次的錯過。

而當大家太過樂觀的時候，你就應該要恐懼，這觀念也幫助我避過２０２０年３月的股市大跌。那時因為２０１９年市場大好，不管什麼樣的壞消息，都擋不住漲勢。而因為過往 SARS 的經驗，又聽說中國有一種新的病毒正在散播，我就有所警惕，加上又要過農曆年了，所以我決定先賣掉手上至少一半的股票部位。而之後就是你知道的，因為 COVID-１９對全世界的影響，３月全世界的股市大跌。我那時候看到機會，而且滿手現金，在跌了一陣子之後，市場開始初步反彈的時候決定進場。這大概是我近幾年做過最大的部位調整，而也應證了巴菲特的那句話，帶給我豐碩的成果。

以上和大家分享，讓我受益良多的幾個基本觀念，請大家投資時以這些觀念來實踐看看，也許會帶給你意想不到的收穫喔！

 如何開始累積理財知識呢？

之前和大家談過，為什麼不理財你會後悔，大部分談的是心態跟一些基本的習慣。不少人聽了我自己的習慣後，都

想知道他們該如何開始累積基本的財經知識，尤其是完全沒有理財經驗的新手們。

 再提醒一下大家，我的五個致富習慣：

1. 不必要的錢、少花點，離「財富自由」更近一步。
2. 每天花一點時間了解政治及經濟，就是會影響投資的事。
3. 學習做出自己的判斷，不要人云亦云，腦袋是拿來思考的！
4. 學一點新的理財方法。
5. 每個月把自己所有的投資部位匯總一次，了解自己的財富進度。

　　我要強調的就是，理財必須要持續的累積，天下沒有白吃的午餐，平時小小的累積，跟你完全沒有做是差很多的喔。有的人提出想要了解我說的第 2 點：「每天花一點時間了解政治及經濟，就是會影響你投資的事情。」這習慣應該怎麼開始做呢？我想每個人在工作上都有各自的專業，所以不一定對政治、經濟新聞有一定的興趣。如果你本來就有這個習慣當然非常好，如果沒有的話，趁這個機會你也可以開始習

慣閱讀，累積你的背景資料庫。

　　那要如何開始呢？老實說，剛開始讀政治、經濟相關的新聞，一定會感到非常無聊。跟大家分享一個祕密，我念大學的時候，教授都會要求我們每天要讀華爾街日報，所以每個人都有訂，而我也不例外。但對我來說，唸起來實在是太生硬了！我每天看一眼就先擺旁邊，想說晚點有空再看，但你也知道哪會再看啊！久而久之，報紙都堆到和我差不多高了。因為太佔位置了，也就原封不動的丟掉。因此我非常可以了解你們的心情，所以我們要一起努力。

　　我們可以先想想如何把閱讀新聞這個習慣，加入你現在每天的一些基本習慣裡面，先開始做一點小改變。然後你可能需要花一點時間適應，習慣之後再 push（推進）自己做更多一點，這樣才不容易覺得反感而想放棄。

　　舉個例子，如果你每天早上都要花半個小時，逛社群媒體或看一些流行資訊，那麼請強迫自己，如果想要看手機，就先看１０～１５分鐘的政經新聞。我會儘量挑自己常用的平台，以 Facebook（臉書）來做比喻，開始 follow（跟進、追蹤）一些政治、經濟性或財經的新聞媒體，你就會半強迫性的把這些資訊輸入大腦成為你的資訊來源。但不建議追蹤一些廣泛性的媒體，例如中國時報、自由時報等等，因為它們的資訊包括太多類型了，你就會被餵食更多你不想看或沒

意義的新聞。

　　我先來說說我有看些什麼媒體好了，台灣媒體的話，我會用工商時報、經濟日報的 app，還有 Line 新聞的理財頁。如果你英文還可以的話，可以看 Bloomberg（彭博社）、Financial Times（金融時報）、 the Asian Wallstreet Journal（亞洲華爾街日報）等，這些大概是我每天例行會看的一些 day to day（每日）新聞，可以說是比較老派的組合啊。我偶爾也有看一些新媒體，只是沒有固定在關注，所以沒有列出來給大家參考。不過我的初衷，基本上是希望可以看更多全球性和一些不同角度的財經新聞。

　　我雖然提到政治、經濟新聞，但政治新聞大多是看政策上會影響經濟的，或我較有興趣的特定產業新聞才會關注。台灣的新聞我非常少看，我都看國際新聞比較多。國際政治上，誰當選、誰沒當選，對我來說也沒有太大的意義。相對來說，如果當選了，他會施行什麼政策，對我來說比較重要啊，還有一些口水戰就太浪費我的時間了，人生苦短啊！

　　通常看這些媒體，我會做的第一件事情，就是先去看他的「國際」分類新聞，然後才去看「理財」的分類，再來看特定股票、公司的新聞。為什麼我可以這麼快的閱讀這麼多媒體呢？照理說若看這些媒體的每則新聞，真的需要花蠻多

時間的，但我都只有把標題先看過一次，才會點進去看我想要了解的新聞。所以我原則上是先求廣度、再求深度，而且儘量多看一些不同立場、不同涵蓋幅度的媒體，才比較不容易被誤導。而我會把推播通知打開，這樣有新的標題就會跳出來。既然新聞的推播多了，我就把其他沒用的推播關掉了。

那對不習慣看財經新聞的人來說，剛開始可能會很辛苦。可能會覺得很生硬、看不懂。我覺得可以先試試看我的方法，先把閱讀標題當作你主要的功課，然後每天挑一則你有興趣、或你覺得和你有關係的新聞，點進去把它看完。如果看不懂也沒關係，挑一個最常出現的名詞，例如消費者物價指數、CPI、PMI、供給與需求等等，上網路搜尋找出它的意思，就能了解一個新的名詞。通常一個新的詞彙，就是一個新的概念。每天累積，一個星期你就瞭解了７個新的概念，一個月就有３０個了！所以現在開始累積你的基礎吧！就算你忘記，重複去查詞彙也無所謂，反正就是去累積就對了！看了一陣子，你會發現自己對世界的看法，會有不一樣的變化喔！

除了看新聞之外，我也看一些期刊，中文的有天下和遠見。英文的大概是 The Economist（經濟學人）、 Bloomberg Businessweek（彭博商業周刊）等等。不過你們應該可以感覺得出來我很懶，而且也不太願意拘泥於形式，所以看期刊也

很隨性。以前常到處飛，所以大部分通勤的時候，會逼自己不要看電視、電影，專注的把那段時間拿來翻翻期刊，當作做功課。現在幾乎都待在家，所以更要想個辦法找資訊來源來養成閱讀習慣。現在 FB 和 IG 的重複性很高，我當初設定我自己的 IG 帳戶，其實就把它設成我專屬的新聞期刊頻道。然後我發現同樣的這些媒體，在 FB 上的內容，都希望你要點進去閱讀，所以讓你一開始看到的內容不多。但因為 IG 的貼文沒辦法直接放連結，所以這些新聞媒體在貼 IG 的文章時，大部分會把重點寫多一點，因為點連結需要多幾個步驟，他們怕讀者嫌麻煩就不讀了。這對我來說就方便多了，好像有人幫我做重點整理，我可以很快的運用 IG 來「快速翻閱」各種期刊雜誌。我的小祕訣和大家分享，有空你也試試看，使用後覺得如何和我分享一下吧！

 ## 如何選擇真正有價值的財經新聞？

　　前些日子被問到，現在的資訊量爆炸，怎麼去選擇真正有價值的財經新聞呢？而不被一些置入性或刺激點閱率的文章所迷惑？

　　新聞尤其是財經新聞的價值來自於，是否告訴我不偏頗的正確資料，是否是我不知道的資訊，還有這個公布的資料

與市場原先預期的落差原因在哪裡。另外如果可以進而清楚推論，因為這個落差的發生，未來可能產生如何的變化，那就更好了。

所以我會看的是幾個重點，第一、不聳動的標題，標題應該是資料事實的重點。內文就應該要談到資料的來源，市場原先的預期或分析師原本的預期，這個資料發生的原因。有時候這個數字的發生，有特定或一次性的原因，或持續的因素，這就對你的投資判斷很重要。

那不是很清楚該如何篩選財經新聞的人怎麼辦呢？我會建議先從挑選媒體開始。先挑選屬於財經專業的媒體，因為財經專門的媒體，知道他們的讀者大部分是專業投資人，所以寫法也會根據他們的目標讀者而有所調整。

如果比較大眾或綜合時事的媒體，相對而言財經不是他們的強項，也比較容易因為想要迎合一般大眾讀者的口味，或增加點閱率，而用比較聳動的標題引誘你點入，常常讀完卻發現不值得一讀。更糟的還是記者自己下定論，說不定會間接影響你做出錯誤的投資判斷。所以我會建議，先讓自己習慣以專業投資人的角度來篩選，先挑選財經專業的媒體，每天標題看久了，你回頭看大眾媒體的時候，你會感覺有很大的差距。

財經新聞的話，台灣主要是經濟日報、工商時報，有些國外媒體有自己的中文新聞，例如路透社、彭博社都有。另

外還有鉅亨網、非凡新聞可以讀一讀。較詳細的產業或公司的報導，還可以閱讀天下、遠見和商周的文章。

但我讀國外新聞的時間多過看台灣新聞，因為我自己對全球市場長期的趨勢比較感興趣，加上自己投資佈局的原因。基本上每天會看的是彭博新聞、亞洲華爾街日報還有Financial Times（金融時報），來平衡一下太美式的角度，尤其是針對歐洲、中國還有中東議題的時候。

現在經濟全球化，台灣是一個國際焦點，也是一個出口導向的市場，外國市場發生什麼事情，往往都對台灣有很大影響。大陸政策、美國市場、歐洲需求等等，對台灣市場都會有很大影響，所以我不覺得看財經新聞的人應該只關注本地新聞。

另外，每一個傳媒機構或多或少會受到一些限制，無論是經濟上還是政治上。但相對來說，我比較相信有國際背景的媒體，比較不容易受到特定的影響，也比較不受一個政府的控制或干預。另外如果傳媒不是只依賴單一資金來源或廣告，就相對的有比較多一點的中立性。

談了如何篩選財經專業媒體後，那新聞內容本身呢？以下幾點是我會觀察的：

1 實際數據

如果是即時公佈的資訊，應該正確即時。速度的快慢會影響市場變動，因為先知道的人就會先行動。還有就是不聳動的標題，標題應該是資料事實的重點。新聞應該要在第一時間透過標題，向讀者展示最重要的事實。

而內文就應該要談到資料的來源。讓讀者知道說這是已經發生的事，還是市場推論或甚至只是市場的傳聞而已。新聞不可以創造事實，事實就是事實不能偽造。媒體可以用不同的表達方式，或者以不同手法，將這個新聞寫出來。或用一些相對有趣的手法去報導新聞，但新聞終究是新聞，不能走出這個框架，不可以離開事實去創造出某些事物來。很多國際媒體內部的要求是，如果消息不是可靠的來源，或是不能被揭露的來源，那這則新聞是不能寫的。

那什麼樣的新聞或數據，是平常我們會覺得重要的呢？

1. 重要經濟數據公佈。
2. 重要人物，例如總統、內閣成員、聯準會官員等發表演說。
3. 天災——地震、颱風、戰爭、恐怖攻擊等。
4. 有份量的專家發言，或許是有名的經理人、基金經理人、財金記者、分析師等等。
5. 突然大幅度的資產價格波動，因為人們會開始追隨這樣的趨勢，使得價格變化更加劇。

6. 新科技的發現。

7. 公司盈餘公布（或公布前）。

8. 公司股權持有報告公布或改變時。

9. 公司合併、收購或重大新消息公布。

10. 公司的償債能力受到質疑，或者有會使公司償債能力受質疑的事件發生。

11. 還有更多因素，畢竟現在連做汽車的，都可以透過「推特（Twitter）」的私人發文來影響市場了。

2 市場預期和分析師預期

為什麼市場預期及分析師預期是重要的？是什麼因素會驅動股票、商品的資產價格呢？是因為新的訊息嗎？通常是的。但新訊息只是部分的原因，它主要源於**市場「預期的變化」**。有人說股市只在長期才能反映它的「真實價值」，短期只會反映出「人們所相信的股票價格」。短期內，新消息是否為真並不重要。重要的是人們認為是真的，並對此消息採取行動，因為他們的預期改變了。

市場原先的預期或分析師原本的預期，其實是一個在公司或市場宣布之前，投資人重要的先行指標。因為資本市場其實不會等到事情真正發生才反應，通常在已經「聽說」、「風吹草動」的時候，投資人就已經做好需要的行動佈局，

市場就已經先反映了這個預期。事實的宣布，其實只是事後的印證。

舉例來說，如果大部分的人預期這家公司下半年的表現會好，很多人在公司還沒有宣布、股價還沒有反應之前，就已經先投資下去了！等待公司宣布了、股價上漲了，就可以獲利了結。所以市場是以「預期心理」為優先考量，當你知道是這樣的預期，你的投資行動就會預先反映，事後的公布通常只是印證。所以想當然爾，如果公布事實的時候，與原本市場預期的落差很大，就容易造成價格的大幅波動。

3 這個事實發生的原因

有時候這個事實的發生，有特定或一次性的原因，或是持續的因素，這個原因就對你的投資判斷很重要。舉例來說，某家公司這一季公布的獲利數字相當漂亮、超乎預期，你覺得你會跟進去買嗎？

如果這個突然爆發的獲利，是源自於賣掉一塊閒置的土地或因為匯差，這種一次性、非本業進步的獲利因素，我可能就不會考慮。但如果是因為公司投資研發新產品上市，獲得市場良好的回應，這類本業持續性的因素，或許我會願意考慮。所以了解原因很重要，才能幫助你做出正確的投資判斷，已經擺在眼前的新聞數字本身，不一定能給你足夠的資

訊去做判斷，有價值的新聞是會找出原因告訴你的。

4 推論可能的未來走勢

　　財經新聞報導的手法已經變了很多。除了要在第一時間向讀者展示最重要的事實，媒體還要添加一些附加價值。所以現在不單只要報導事實，還要詳細解說甚至預測趨勢，告訴讀者因為發生了這件事，接下來或許會有什麼新發展，或者這件事跟別的事情有什麼關係和影響？會有什麼變化？因為現在投資是大家的事，已經不能單純認為讀者都是專業人士，會自行做出判斷了。

　　我們處在一個可以免費接收大量訊息和知識的時代，但這也變成一個麻煩，因為資訊量太大了，甚至有些資訊的背後有難以捉摸的不明意圖。剛開始學習理財的時候，你需要刻意的篩選資訊來源，因為你需要事實和數據來幫助你進步，這是不爭的事實。

PART 4

輕鬆致富的投資方法

KEY POINT

04

輕鬆致富的投資方法

適合新手的投資方法

為什麼大家都瘋投資 ETF 呢？

到底什麼是 ETF ？為什麼大家都瘋投資 ETF 呢？其實 ETF 是蠻方便的懶人投資工具，不但適合新手一開始的學習，也適合像我這種退休多年，尋求長期穩定回報的投資人。

ETF 是英文 exchange traded fund 的簡稱，白話文說就是「在股票交易所掛牌交易買賣的基金（簡稱交易所交易基金）」。ETF 也像股票一樣，在集中市場掛牌，以買賣一般股票的交易方式，讓投資人買賣基金。

　　大家都以為 ETF 一定是被動追蹤某一個指數表現的基金（持有和指數一樣的股票，也依照指數中各股票的比重），其實 ETF 不一定都是追蹤指數的基金，但 ETF 這樣的投資工具，的確一開始是用作被動追蹤一個特定指數的表現，所以投資人因為透過持有追蹤指數的 ETF，而可以得到和被追蹤的指數一樣的回報率。但到今天，全球的 ETF 總投資金額，在２０２１年１１月已經超過１兆美金了，所以整個 ETF 市場，已經開發出不少更新穎的投資方式，而不只是追蹤指數而已！這是要特別注意的，搞清楚你想要投資的 ETF 種類，才能達成你的投資目標！

　　ETF 雖然也像共同基金一樣，是持有一籃子的投資標的，或許是各國的股票、債券、外幣等投資商品，但整合之後，就是一支掛牌在股票市場的基金（不管基金本身是投資股票、債券、期貨或混合），買賣規則就和股票一樣。只要有買賣成交，ETF 的價格在整個交易日內，就會一直發生上上下下的變化。這與你透過銀行購買基金的模式完全不同，共同基金每天僅在市場收盤後交易一次，以每天４點結算的基金價格做買賣。 所以，與共同基金相比，ETF 往往更具有成本效益（因為價格透明）和具有更多的流動性。同時 ETF 也和共同基金有一樣的優點，可以分散風險、不容易暴漲暴跌。**另外被動式管理的追蹤指數 ETF，整體費用（管理**

費、手續費還有其他隱含的費用等）相對低於主動式管理的 ETF；主動式管理的共同基金，費用上又比主動式管理的 ETF 要高。 什麼是「主動式管理」和「被動式管理」呢？主動式管理就是，基金團隊有基金經理人還有投資研究團隊，依據他們的基金投資方針（大部分的基金在成立的時候會在他們列出的投資方針裡，選定一個拿來做比較的基準股票或債券指數），團隊們用他們的投資研究，「主動」挑出他們認為好的股票或債券標的，做出買賣投資決策。目標是在讓基金表現的比所選定的指數要好，就是要打敗指數的表現，讓基金的報酬率比指數更高。要養一個投資研究團隊，讓他們來替你做投資決定，那當然也得付出一定的代價囉，羊毛出在羊身上啊！所以說只要是主動式管理的共同基金，通常手續費是比 ETF 多出不少！這也是近年來 ETF 大幅趕上共同基金市場規模的主要原因之一，因為費用低很多。

被動式管理就是基金追蹤特定指數，通常在基金簡介的「投資方針」裡都會寫得很清楚，他們追蹤的是什麼特定指數，追求和指數一樣的市場報酬，而不是以打敗指數表現為目的。因為是「被動管理」，所以不需要養一個投資研究團隊，想盡辦法挑股票打敗大盤，只要每天跟蹤好指數的變化，跟緊就好，所以投資人支付的管理費用相對低很多。

那為何 ETF 是懶人投資呢？其實投資基金（不管是共同基金、還是 ETF）除了上述的優缺點之外，本身就是一種懶

人投資法，**因為我們已經將原本自己要做的選股投資的工作，付費交給基金經理人，或透過選定指數來幫我們做**，只是費用高或低而已。雖說是懶人投資，但你還是有責任要自己做重要的決定，例如：什麼產品別的基金？什麼區域或國家、產業？先選擇投資哪一類型的基金（股票型還是債券型等等），再來篩選適合你的基金，而這個部分就要以綜合的大方向往下篩選，來挑選並決定你想要的投資範圍。

原則上，**你選的區域範圍越小、越具體，市場風險一定相對比大範圍的區域要再高一些，因為分散風險的幅度比較小的關係。**所有產品都有它的風險，而產品的風險和報酬都是相對比較出來的，並不是絕對值，最重要的是你自己的風險承受度。

到底要投資什麼樣的基金，那就要從大方向先看起。首先從區域開始選擇，具體些即是篩選國家，然後想要較穩定的或增長型的投資，就是看投資標的，例如大型股或小型股等等。平時留意各區域與各國的財經狀況，以及對金融產品的基本了解，可以幫助你更精準的找出你有興趣的投資標的。

與共同基金相似，**投資 ETF 也是要先從大處著手，了解並篩選自己想要投資的區域、國家、產業或產品類型（投資債券或股票等等），**才能更清楚知道要選擇哪個指數投資。更進一步去選擇跟蹤這指數的 ETF。對於一個投資 ETF

的人來說，選擇 ETF 最重要的是，確定你要的基準指數
（Benchmark）是什麼，例如你想投資美國的 ETF，你就要
挑選你要的基準指數，例如美國 S&P ５００指數，你不會挑
到日本的東證指數（投資區域不對）或挑美國道瓊指數（不
夠具代表性）。基準指數一定要選對，才能確保你挑選的
ETF 的投資方針是符合你的需求。

　　假若你想開始投資 ETF，且你對台灣的市場有信心，那
在台灣開股票戶頭，是購買台灣 ETF 最快、最簡單的方法（在
〈書後重點分享〉，有台股開戶的優惠和讀者分享）。若你
想要把你的錢，進一步分散投資到其他國家的 ETF，我建議
可以開個美國的券商戶頭，來做國際部位的投資會比較好。
美國是全球 ETF 最大的市場，投資選項多、交易費用優惠（很
多平台甚至沒有收費），全球投資 ETF 的量大多都在美國，
只要你挑的是大品牌的 ETF，與台灣相比較沒有交易量太小、
買賣不易，或下市清算的問題。

　　在台灣掛牌的國際性 ETF，選擇沒有國外多，管理費用
沒有國外低，交易量當然也沒有國外大，還有台灣法規的關
係，常會碰到必須下市的問題。我自己比較常使用美國的交
易網站投資 ETF，例如 Firstrade、Charles Schwab、Interactive
Broker 等等。美國目前是全球最大的 ETF 市場，掛牌交易
的 ETF 投資方針，不只可以輕鬆的涵蓋全世界，還有新穎的
ETF 不斷地快速上市，像是最近的 Bitcoin 期貨 ETF，選擇多

又符合我投資國際化的原則，而且可以交易的平台非常多，既方便又透明。

我自己目前大約有三分之一的資產，用於長期投資全球佈局（依不同區域和不同比重，以追蹤全球股票市場做投資方針）的 ETF 組合，藉由追蹤全球股票市場，來追求長期全球股票市場的年平均報酬１０％，符合我現在退休的懶人投資原則。另外積極一點的成長產業投資，只要決定投資的大方向類別及指數即可，例如人工智慧 AI 類別的 ETF、新創科技的 ETF 等等。

那為什麼 ETF 是適合新手投資人開始投資的理想工具呢？ETF 具有的功能，可以讓一開始投資資金比較少的投資人，輕鬆的進行他們想要的多樣化投資。投資 ETF 只需要較少的資金，就能很快的建立多元化的投資組合，同時也能有效降低風險。而且 ETF 提供廣泛的選擇，以及多種新趨勢的投資。

ETF 本身跟蹤指數的性質，也意味著新投資人可以用小錢，建立一個更多元化的投資組合，而且投資 ETF 的費用支出（手續費、管理費等等），低於投資共同基金所需要的支出，這對小額投資人或新手投資人來說，可是一大利多。因為高額的基金管理費用和買賣手續費，真的會削弱他們的可投資資金。

以初學投資的人來說，會希望多累積個股的投資經驗，

擔心再不進場就沒有參與到市場的榮景（即「遲遲不投資的風險」，就是現金的價值被通貨膨脹吃掉了，所以即使放著不動，錢還是變小了，尤其是現在。）或是覺得現在市場已經漲得很高了，沒有太明確的方向可以投資，也不知道該怎麼選股才對。我的建議是，你可以留３０％～５０％的現金來學習怎麼投資（股票）。另外的５０％～７０％現金，用指數 ETF 建立一個全球指數投資的部位，作為一個開始。

還沒有搞清楚 ETF 的人，也來花點時間看看，ETF 是不是適合你的投資工具吧？

利用 ETF 來踏出投資的第一步

我們來聊聊，為什麼 ETF（交易所交易基金）是初階投資人的理想投資工具。

ETF 具有許多功能，可以讓一開始投資且資金比較少的新進投資人，輕鬆的進行他們想要的多樣化投資。一方面，投資 ETF 可以用相對較低的投資金額，建立多元化的投資組合，同時也能有效降低風險。ETF 的交易方式就像股票一樣，股市開的時候，都可以用市場的現價交易，提供充足的流動性，而且很多 ETF（尤其是追蹤指數的）都具有相對低費用的特性。**有以下五個原因，讓新手投資人可以利用 ETF 來踏出投資的第一步。**

1 ETF 的種類繁多

第一批 ETF 投資產品於１９８０年代末和１９９０年代初出現，是相對簡單的投資產品，當時是跟蹤美國最重要的股票指數──「標準普爾５００指數[註]」和「道瓊工業平均指數[註]」等，這些主要股票的指數，就像投資台灣股市，你會看台灣「加權指數」或「台灣５０指數[註]」一樣。從那時開始，可投資的 ETF 的數量和種類就是倍數的成長，幾乎涵蓋了所有資產類別：股票、債券、房地產、期貨、貨幣和不同國家區域的投資，甚至任何可以想像得到的產業和許多其他獨特的領域，如虛擬貨幣等等，都可以用 ETF 投資。

（註：「標準普爾５００指數」，英語：Standard & Poor's 500，簡稱 S&P ５００，是一個由１９５７年起記錄美國股市的平均記錄，觀察範圍達美國５００家中、大型上市公司。「道瓊工業平均指數」，英語：Dow Jones Industrial Average，是在美國證券交易所上市的３０家著名公司的價格加權衡量股票市場指數。富時臺灣證券交易所臺灣５０指數《FTSE TWSE Taiwan 50 Index》，簡稱「台灣５０指數」，該指數涵蓋臺灣證券市場中市值前五十大的上市公司。）

到２０２０年年初，至少有超過２千支 ETF 在美國股市掛牌交易，投資在 ETF 這類商品裡的資金超過２.３兆美金，

而且還一直持續的成長。相對的，台灣掛牌的 ETF 大概只有
２００支左右，約２兆台幣。所以在台灣投資 ETF 選擇只有
美國的１／１０，市場規模約是美國的１／３０而已，給大
家參考一下。

對於新手投資人而言，ETF 提供廣泛的選擇，以及可以
投資多種趨勢。ETF 本身跟蹤指數的性質，也意味著投資人
可以用小錢，建立一個更多元化的投資組合。舉例來說，一
個有２５００美元、想開始投資的年輕人，若他對金融市場
有一定的敏銳度，並且對特定投資有明確的觀點。假設他長
期看好美國股市，希望將美股當作長期的核心投資部位，但
他也同時看好黃金和日元，預計兩者在短期或中期都將走
高。

建立這樣的投資組合，在過去需要更高的成本，而且
手續上也麻煩許多。現在則只需要開一個股票帳戶，就可
以直接買標準普爾５００ ETF（SPY），當作你的美國核心
部位，而且不需要額外開黃金帳戶或外匯帳戶，就可以直
接藉由同一個股票帳戶，投資 SPDR 黃金 ETF（GLD），及
CurrencyShares 日元 ETF（FXY）。

在商品和貨幣 ETF 出現之前，想投資不同種類的商品，
是很麻煩的事，因為你可能需要開不同的帳戶，在不同的市
場交易，並且交易流程也不同。現在則方便了許多。現在如
果我想要投資一個比較新穎的投資商品，例如虛擬貨幣，我

一定會先看看 ETF 是不是有相關的產品。

2 ETF 的流動性佳

　　大多數 ETF 的流動性非常好，並且可以整天在股市交易，這比投資共同基金來說更有優勢。因為共同基金只有在當天營業日結束的時候（大部分是 4 pm），基金公司會產生一個當天基金的價格，只要你 4 pm 前決定買或賣，都是以那個價格為基準來執行。

　　對於年輕的投資人來說，這是一個特別重要的差異，因為投資人希望對投資產品的價格，有更大的掌握度，可以馬上以他們看到的價格成交。若當天跌幅大，也可以立即賣出，藉以保留有限的資本；或者快速地決定買進，才能趕快參與大幅上漲的市場。所以，充足的流動性，表示投資人可以像買賣股票一樣操作 ETF。在交易時間內即時決定買或賣，並且馬上看到是否成交。對我這種急性子的人來說，的確非常適合我。

3 ETF 的費用較低

　　前面已經說明過 ETF 的費用率通常低於共同基金。雖然它們能像股票一樣的買賣，但許多美股電子下單的平台，還

提供免買賣佣金的 ETF 選擇，對小額投資人或新進的投資人
來說，這可是很誘人的條件。因為高額的基金管理費用和買
賣手續費，真的會削弱投資資金。

4 ETF 的投資管理選擇

ETF 讓投資人能夠以他們希望的方式，來管理他們的投
資：可以選擇被動管理或主動管理，或甚至介於兩者之間。

「被動管理」又叫「指數投資」，就是建立一個投資組
合，來模仿一個或多個市場指數，所以你買一股這個 ETF，
你就買了一籃子的股票，而這一籃子的股票，就是這個市場
指數裡的股票。

而「主動管理」則需要更多人為的研究和選股，挑到厲
害表現的股票來 「打敗大盤（指數）」。所以 ETF 不是只有
做模擬指數而已，也有積極選股的 ETF，請各位不要誤會。
一支 ETF 究竟是什麼類型，你必須從 ETF 的投資方針去了
解，要看清楚這個 ETF 是完全複製一個指標指數，或是要打
敗這個指標指數的表現？用這方法分辨這支 ETF 是被動管理
的「指數投資」，或是主動管理的「積極選股」。

投資團隊也會依照團隊篩選出來的條件，自己製作成一
個指數，然後追蹤這個指數做投資，但這也是一種「積極選
股」的投資，因為條件是他們自己設定的。通常積極選股的

ETF 費用，相對會比被動投資的 ETF 再多一些，但還是比共同基金的費用要低。

出入金融市場的新進投資人，可以先試著用被動管理的「指數投資」方法，隨著投資知識的增加，再逐漸轉向更積極的風格，循序漸進地投資。若看好某個產業，而想投資此產業的 ETF，例如你看好半導體產業，但買不下台積電股票，這時買進半導體產業 ETF，是一個不錯的選擇。甚至有時候你不看好特定產業或指數，你也可以藉由投資「反向 ETF」和「槓桿 ETF」等等，當作你比較積極的投資策略，來得到更好的回報。

5 透過投資特定 ETF，跟上熱門趨勢

ETF 會如此快速增長的原因之一，是因為發行公司在推出新產品和創新產品的速度很快，ETF 發行公司普遍對投資人想投資熱門產業的需求反應快速。例如在２００３～２００７年，大宗原物料商品熱門的期間，發行公司推出了許多原物料商品的 ETF。有些 ETF 跟蹤廣泛的「原物料商品指數」，例如美國西德州石油指數、倫敦黃金指數等等，而另外一些 ETF 則跟蹤原油和黃金等特定商品。甚至最近這幾年，也有遵行環境、社會和治理（ESG[註]）投資原則的 ETF，還有虛擬貨幣的 ETF，也已經因為市場的高度投資興趣而推

出。

（註：遵行環境、社會和治理原則（ESG）在本章 P．217 稍後會詳盡介紹）

除了原先吸引投資人的被動式指數投資產品外，ETF 發行公司表現出新產品的活力和創新，還會吸引到比較年輕或積極型的投資人。隨著新投資趨勢的出現，以及對創新投資產品的需求浮出水面，ETF 發行公司會快速推出新型的 ETF，來滿足市場的需求。

還是要再次提醒大家，儘管大多數 ETF 是被動管理的，就是只跟蹤一定指數的基金，但市場上還是存在不少主動管理的 ETF。所以在投資前，必須要確實了解你想投資的 ETF 是什麼種類？其投資方針是不是符合你想要達到的投資方向和目的？這才是最重要的。

不完全熟悉金融市場的新進投資人，可以透過投資跟蹤國家或區域指數的 ETF，快速的佈局全球，達到他們想要的風險報酬平衡。不同產業的 ETF，可以讓投資人對特定產業看漲或看跌的時候，使用反向 ETF 或槓桿 ETF 投資特定產業 ETF，作為短、中期投資策略的應用工具，實現較激進的投資策略。總而言之，ETF 多元化、流動性高、低費用、多投資管理選擇和創新等等特性，使得它成為新手投資人、年輕投資人，或甚至像我這種有豐富投資經驗的投資人，都很適合使用的投資工具。

　　以上內容從 Investopedia 網站上整理出來，再加上我個人看法和補充。Investopedia 這個網站我覺得蠻實用的，它有許多關於投資知識與名詞的解釋，而且大多看法都蠻客觀的。如果你有投資或金融的知識需要釐清，這是一個不錯的工具，只是它是全英文的喔。

現在流行的指數化投資是什麼？

　　現在流行指數化投資，那到底指數化投資是什麼？適不適合我呢？我很常碰到年輕人在聽完我的演講，就抓著我問：「我是不是存了錢去買台灣５０就沒錯呢？」像在問明牌一樣，其實都被廣告洗腦了。老實說，先搞清楚指數化投資到底是什麼，有沒有符合你要的目標報酬率，和你能接受的風險承受度，你自己就會知道適不適合了。

　　我給大家一個報酬率的基準做比較，用全球股市作為基準，投資市場常用的指標指數，MSCI 全球已開發國家股票指數（MSCI World），過去４０年的年平均報酬率是９.２９％，美國 S&P ５００指數是１０.２１％，全球型債券基金平均報酬率為４％。

（註：MSCI 指數是由摩根士丹利資本國際公司 Morgan Stanley Capital International 所編製的股價指數，MSCI 即是取公司英文開頭簡寫，因此，也被稱為摩根指數，大摩指數因為摩根士丹利也被稱為大摩。）

MSCI 所編的指數涵蓋全球，主要以國家、地區、市場、產業等進行編纂。）

指數化投資就是透過各式的指數型基金，來作為投資的工具。這種追蹤不同市場指數的投資方式，又稱為「被動式管理」，因為你只要選好你想要投資的市場或指數，然後選擇它相對應的指數型基金即可，例如美國就是「S&P５００指數」基金，台灣選「台灣加權指數」或「台灣５０指數」基金，香港選「恆生指數」基金。這個指數型基金的工作，就是跟好所選的市場指數的個股比重就好了，不用透過基金經理人和研究團隊，主動的去預測、找出有潛力的股票。

單一的指數型基金，可以讓你很容易的得到你想投資的指數的「平均報酬」。我自己還有用一個方式做全球的指數化投資，就是用不同的指數基金，組成一籃子的全球市場的投資組合[註]，希望這樣的組合，可以得到「長期」全球市場的「平均」獲利。重點是「**長期**」和「**平均**」，所以你期望的是全球市場指數得到多少獲利，你就得到多少，不比全球市場多、也不比全球市場少，接近 MSCI World 指數過去４０年的年平均報酬率９．２９％。

（註：一籃子的全球市場的投資組合，就是透過持有相當於全球市場一模一樣比例的投資組合。）

或許你會問，既然我給大家參考的基準，是過去４０年的年平均報酬率，MSCI 是９．２９％，美國 S&P５００指數

是１０．２１％，全球型債券基金平均報酬率為４％。那為什麼不做美國 S&P ５００指數的指數化投資就好了呢？老實說，美國 S&P ５００指數的１０．２１％，是比 MSCI 指數的９．２９％多個１％。但是依據現代投資組合理論來說，**一個足夠分散的投資組合，能夠減少你的風險，並增加你平均獲利的機會**，只為了多個１％的報酬而不分散風險，聽起來不太對吧？更何況過去的表現，不能完全代表未來的表現啊！

所以，分散投資於全球市場的投資組合，便是風險分散程度最高的投資組合。這種追蹤整個市場指數的投資方式，又被稱為「被動式管理」。因為你只要被動的跟好全球市場指數的比重就好了，不用主動的去預測，或去挑你覺得有潛力的股票或者是市場。因此，投資於代表全球整體市場的指數（MSCI），就相當於投資於這個最分散、最平均的投資組合。

既然你會選擇指數化投資，就是覺得或許你可以用「長期」持有，來獲得市場的「平均」報酬。而且這種被動式管理的指數型基金，相對於主動式管理的基金，費用相對便宜，所以也會降低投資人的成本。讓你能在扣除成本、費用後，獲得最高的平均實際報酬。

所以現在許多投資人喜歡透過指數型基金做投資。這類被動管理基金追蹤某個市場指數的績效，例如 S&P ５００指

數基金就是追蹤 S&P ５００指數。過去９０年，S&P ５００
平均年化報酬率約達９.５％。對不少懶人來說，指數型基金
是簡單投資的好方法，不需要一檔一檔研究個股，還可以分
散風險，買一股的價格也不貴，投資報酬率很平均、方便性
也高。

　　我自己有一半的投資部位，是由各個國家區域的 ETF，
作為全球投資組合。因為我的部位大到一定的程度，都要用
主動選股其實有些累啊，畢竟我達到財富自由是希望多點時
間陪家人、做我想做的事。所以我目前的投資是一半在全球
指數化投資部位，一半自己主動選股或選一些我想投資的主
動式 ETF 來做一些平衡。是的，你沒聽錯！也還是有主動式
的指數基金，最近很紅的 ARKK[註]就是屬於這種。

（註:ARKK 這支 ETF 成立於 2014 年，主要投資於破壞式創新的產業，
包含人工智能、DNA 技術、能源創新、金融科技和雲端運算等產業。）

　　以初學投資的人來說，若沒有太明確的方向，暫時不知
道該怎麼選股才對的人，我會建議你留３０％～５０％的現
金部位，學習怎麼投資。另外的５０％～７０％，用指數基
金們建立一個全球指數的部位，然後每年挑一個時間做「部
位再平衡」。

　　我覺得年輕人還是要找到適合自己的投資方式，學的方
法越多越好，人生不會只靠一種方法就足夠的。市場環境會

什麼叫作「部位再平衡」呢？

舉個例子：如果你一開始設定按照美股３０％、歐股２０％、亞股２０％、新興市場１０％、美債２０％的比例，建立你的全球資產分配。一年後，隨意挑一個時間，做「部位再平衡」。

因為各個市場或漲或跌，幅度也都不一樣，有可能像最近美股漲得多，歐股剛開始漲等等。你的整個全球部位的比重，可能因為市場變動而變成：美股４５％、歐股２３％、亞股９％、新興市場股８％、美債１５％的比例。

做「部位再平衡」的意思，就是把漲多的地方賣掉減碼，減到我們原先設定的全球部位的比重。以上面的例子來說，美股已經從一開始的 30%，漲成到了 45%，所以我們把多的 15% 賣掉，讓我們的美股部位再次回復到 30%，然後把減碼得到的現金部分（賣掉美股得到的 15% 現金），再用來加碼買漲少的地方（例如拿來買亞股，讓亞股從現在的 9%，再次回復到 20%）。讓你的全球部位再重新平衡一下，等待下一年不同的市場趨勢帶給你的收穫。若沒有把握什麼會漲、什麼會跌，這樣的全球部位加上再平衡的投資策略，可以給你一個相當平均的投資報酬，只要對你來說這報酬率是符合你的需求的話。

　　對一般投資人來說，這樣的作法是不錯的選擇。指數型基金很難讓你一夜致富，不過長期持續的投資，也可以讓你累積一筆資產，幫助你更接近你的理財目標。而且從投資心理學的角度來看，指數化投資也能有效地幫助投資人，避免因心理預期造成「買漲賣跌」的困擾。

　　投資股票或股票類型的商品，對一般人來說，是讓資產成長最普遍的方法之一。不過需要持續累積知識，加上時間和耐心，和了解涉及的風險。指數型基金的目標，是追上連動於指數的績效，不是打敗它。但有些人還是希望他們的投資績效，能有機會比市場（指數）更好，就算這樣可能得冒更多一些的風險，只要他們可以承受計算過的風險也沒關係。

　　另外指數化投資最有價值的事情，除了能簡單的取得市場的平均報酬外，更是個「長期」的投資決策，注意是長期喔！就是用時間來換取長期平均穩定的報酬。你也要讓自己練就以「禪 Zen」的心態，面對市場的大起大落，若是遇到「黑天鵝[註]」的事件發生，你都要可以視而不見，只要專注於投資比重分配和部位的再平衡。這樣也是有多出來的時間，可以做對你來說更重要的事，例如多陪伴家人、多成就自我、累積豐富的人生。

（註：「黑天鵝」，金融市場上，經常將難以預測的極端事件稱為「黑天鵝 Black Swans」，指原先沒有預料卻忽然發生，同時產生重大衝擊

的事件，而黑天鵝多數會對股市造成極為嚴重的負面影響，例如最近的俄烏戰爭。）

只有５萬或１０萬元，能開始投資嗎？

常有聽眾問：「我存了點錢，想要開始投資了，我要如何開始呢？」我們來聊聊，如果以當下的時間點（２０２１年９月中，股市高峰期），利用你的第一個１０萬元（或者是３０００元美金），可以開始投資的方法。

我們用１０萬元來做例子，第一件最重要的事，是確認你有急用準備金嗎？如果沒有，我覺得你的第一個５萬或１０萬元，最好當作你的急用準備金存著，放在一個你不會常動用的帳戶，以備不時之需。再儘快存到你的下一個５萬或１０萬元，再拿來投資會比較好。

原則上，你拿來投資的錢，不應該是你需要用錢的時候，必須把投資賣掉來動用的，因為那會影響你的投資成效。你很可能沒辦法等到獲利，就因為需要急用，而賣在低點、損失了結。所以記得！拿來投資的錢，不會是你的急用準備金，也不是你沒錢的時候，隨時拿來動用的。另外投資一定要看長期，你才可以享受到複利的效用，而且累積投資的部位越大，你感受到的複利效果會越來越明顯。

　　如果你已經有安排了急用準備金，那你這１０萬元要拿來投資用的話，要如何開始呢？尤其是現在所有市場都這麼高，若沒有做功課就貿然一次性全投入的話，後果恐怕不堪設想。

　　如果你只是剛開始做理財，這１０萬只是個開始，你想讓這整個投資部位持續地長大，不只投資的項目要賺錢外，你之後存下來的錢，也要持續的丟進來投資，整個部位才會快速的成長，才可以儘快享受到複利增值的魔術。

　　因為現在所有市場都很高，但沒有人知道還會不會持續的一直漲下去，（雖然有時會拉回整理，但事實證明，市場長期來說的確是一直在緩步上漲的）。很多人怕自己買在高點套牢，其實就算在高點買入，長期來說，因為配股、配息還有複利成長的作用，你賺錢的機率還是非常高的。還有，長期來說市場都會是往上的，如果你有看過全球股市２０年、甚至４０年的歷史圖（如右頁），你就知道我在說什麼。

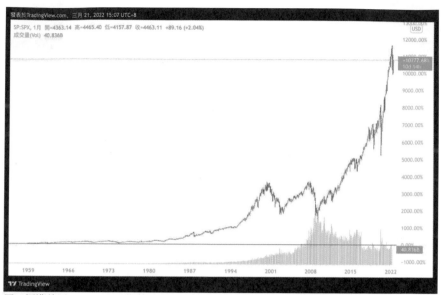

圖：標準普爾 S&P 5 0 0 指數 1 9 5 7 年（指數開始日）～ 2 0 2 2 年 2 月

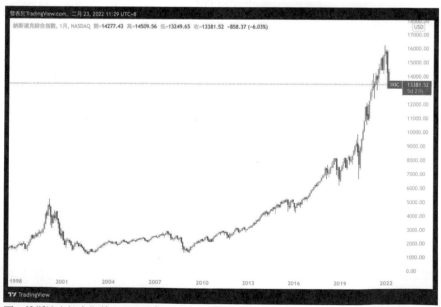

圖：納斯達克綜合指數 1 9 9 8 年～ 2 0 2 2 年 2 月

圖：德國 DAX 指數１９７１年～２０２２年２月

　　開始之前要先開一個股票交易帳戶，不管你是投資個股還是 ETF，都是要透過股票帳戶買賣交易的。而且因為剛開始，最好要可以做小額投資，你開的帳戶還要是可以做零股交易^註的，台股現在幾乎所有的股票帳戶都可以。美股大部分的券商都適用最小１股交易，所以比較沒有這個問題。但台股的海外 ETF 選擇比較少，就算有手續費也較高，但如果你還是想透過台灣的券商，投資美國掛牌的股票或 ETF 也是可以的，就是要在台灣開一個美股的複委託帳戶，然後用那

個帳戶交易美股。但交易費用就相對比直接在美國券商開戶
要高許多。如果你的交易不頻繁，或想先開始試試倒也無妨。

（註：零股交易，指買進「不足一張」的股票。在台灣進行股票交易
買賣時，通常是以「張」為單位，一張股票＝１０００股，如果買賣
未滿１０００股＝一張，就稱為零股交易。）

 TIPS：

和大家推薦一位我往來二十幾年的營業員。老實說，我
不只開了她公司的帳戶，但經歷這麼多年的台股不景
氣，其他的營業員很多都做不下去而離開這個市場，只
有她挺過台股的起起落落，還在從事她喜歡的工作。投
顧研究員出身的她，對市場頗有一些見解，也願意和客
戶分享。歡迎大家找她開戶，她也願意提供給這本書的
讀者們獨家的優惠，請到〈結語〉章節，掃描 QR Code
到預約開戶頁面，並填入你的聯絡資訊以及在「好友推
薦碼」處填入 「月薪３萬也能買房的財富翻倍法」，她
就會與你聯絡並安排相關開戶事宜，那也請你在和她了
解細節之後，可以跟她下單交易喔！

話說回來，因為短期害怕投入市場，而錯失長期的財富增長，那就永遠都沒辦法開始了。這種人老實說還真的不少，希望你不會是只會嘴巴上一直說希望財富增長，卻一直都沒有跨出第一步的人。解決辦法是在這種不上不下的市況，還是要有一些風險平衡的投資布局，才不會錯失市場的長期上漲趨勢。

我自己覺得，至少放一半到 6 成的資金建立基本佈局，你才能去感受市場。以 1 0 萬元來說，可以用一半或 6 成，建立一個全球股票市場的基本資產佈局。因為金額相對沒那麼大，所以為了不要太複雜，可以先用簡單的 3 樣東西來佈局全球就好。用 5 萬元（1 0 萬元的一半）來舉例，可以考慮用 5 萬元的 1 ／ 2 投資於美國全股市的 ETF（相當於 2 萬 5），然後用剩下的 2 萬 5，一半投資歐洲、一半投資亞洲（1 2，5 0 0 歐洲 ETF，1 2，5 0 0 亞洲的全股市 ETF）。這樣你就有一個 5 萬元的全球股市投資佈局了，比例上大概是 5 0％投資於美洲、2 5％投資於歐洲、2 5％投資於亞洲。這樣你就有一個最簡單、最基礎的全球資產配置了。

因為全球股市過往 4 0 年的平均報酬率，每年將近 1 0％。所以長期持有相似於全球股市投資部位的話，就已經可以幫助你接近達成近 1 0％的報酬率。重點是要長期持有，以時間換取空間。

　　除了獲利預期之外，這樣的全球資產配置，還能做到分散並降低風險。因為每個市場起伏不一定同步，你持有的部位之間會有一些負相關性，就是當其中一種資產或一個市場，因為某些因素下跌的時候，你持有的其他市場有些部分反而是會上漲的。所以資產多樣化和執行再平衡的動作能讓你更有勝算，也更能累積獲利。但我們要先由簡單的建立投資部位開始，當你的部位持續的變大，就可以再加入其他的不同資產，讓資產更多樣化，來達到你的投資目的，同時又可以降低風險。

　　那１０萬元裡的５萬元拿來做全球股市佈局了，剩下的５萬呢？如果你的投資之路只是從這１０萬元開始，那表示你離你的財富目標一定還很遠。所以不是只有１０％的獲利率，就可以達到你的財務目標的，你還需要做另一些高成長、高報酬率的投資，才能達到你的財富目標。那你就要用這剩下５萬中的３萬元，開始學習股票投資。想要得到高報酬率的投資，就要借助高成長的股票或 ETF 才能達到。所以你一定要學習並做功課，找出值得投資的成長股或成長趨勢。

　　這就要靠閱讀來累積知識，就算一開始你不知道怎麼找出成長股，至少透過累積閱讀財經時事，你會知道最近市場的熱門趨勢，放眼未來至少３年以上可以高成長的產業。例如半導體、AI、大數據、生技等創新領域，都是值得觀察投

資的趨勢。一旦你有觀察到一個較明顯的趨勢，最簡單和可以開始的方法，就是先挑一個該產業的 ETF 投資，老實說這已經是最容易、最偷懶的方法了。

另外還是要學習怎麼挑成長股，畢竟學得方法越多，運用過後你會越清楚哪個方法適合你，你的贏面會更高。留下最後 2 萬的現金，如果今天你做錯了，還有一些資金可以讓你再投資。又或許你成長股投資做了一段時間，很熟練也做得不錯、都有獲利，你可以再接著把最後的 2 萬元投入。如果你投資幾年了，做得都還不錯，遠超過１０％的年收益率，或許你到時候可以考慮，把你保守的全球部位轉過來一些，做成長股投資，又可以幫助你再提早一些達到你的財務目標。

如果每年能獲利１５％，５年不到就可以賺回１倍；如果每年能獲利２０％，３年半不到就可以賺回１倍；如果每年能獲利３０％，２年半不到就可以賺回１倍。將資金投資在未來３年內可能會高成長的公司上，你的回收會更明顯。到時候要賣股票只有兩個理由：「**一、是你原先投資買進的理由發生變化，二、是你找到更好的投資標的。**」那時你就應該不管這股票是賺錢的、還是賠錢的，都要勇敢賣出你原先的投資，因為要轉換到下一個更有把握的機會。

只要找到一個適合你的正確方式，就能循序漸進地把你

的資產養大。哪怕一開始只有５萬或１０萬元開始投資，只要你能邊做邊學，訓練自己選擇和決定的能力，不論你進場投資的金額有多小，任何人都能擁有獲利超過１０倍的機會。趕快動起來吧！先建立你的全球投資部位，我們後面再談成長股投資的細節。

萬能無敵的資產配置

真的有萬能無敵的資產配置嗎？應眾多朋友們的要求，我們今天來談談資產配置吧！

為什麼要做資產配置呢？透過不同方式的資產配置，可以有效的擴大你的收益，還可以降低你的整體風險，讓你可以平衡於你想要的回收，同時承擔你覺得可以接受的風險。

用各種不同的工具可以達到這一點：股票型（指數ETF）、債券型（指數 ETF）、還有另類投資的工具 REIT（不動產投資信託）及黃金等等。各個市場的工具，都有它自己的景氣循環，我們不一定都可以準確的抓到每個市場的起伏，但也不願意沒有參與到各市場的長期成長機會。

很多人怕自己買在高點套牢，其實就算在高點買入，長期來說因為配股配息還有複利成長的作用，你賺錢的機率還是非常高的。因為長期來說市場都是往上的，就像我前面說

的，如果你有看過全球股市２０年、甚至４０年的歷史圖，你就知道我在說什麼。

如果你可以深切的了解這一點，就能幫助你更有耐性地等待機會來臨，心情上更不會經常受影響而動搖，而且你的財富長期來講是一定會增長的，只要你願意去做。甚至以一個１０年的週期來說，股市幾乎總是上漲的，只有其中一、兩年是下跌的。所以你的資產配置，會是決定你收穫多少的重要因素。

資產配置能做到分散風險，是因為每個市場起伏不一定同步，你持有的工具之間要有一些負相關性。當其中一種資產，因為某些因素下跌的時候，你持有的另一部分資產還是會上漲。所以資產多樣化和執行再平衡的動作，讓你更有勝算。

那麼多樣化的資產配置，要注意什麼呢？

1 資產種類多樣化：

避免把你的錢全押在一樣資產上面，無論是股票、房地產、債券或任何單一類資產。

2 同種類的資產，也要用不同的多樣化工具：

　　不要因為你特別愛 Apple 的股票，或特別愛哪裡的房地產，或只執著於保守的美國國債基金，就把錢全都放在上面。

3 要區分市場、國家和貨幣等等：

　　我常提醒大家投資要有國際觀，很大一部分原因也是可以分散風險。不要因為你熟悉你住的國家或市場，而把錢都放在那裡。

4 分配時間投資：

　　我們雖然想培養我們洞悉市場的能力，但是總也是有判斷錯誤的時候，所以分批（分月、分年）投入市場建立部位，就有分攤成本的作用。我本身不太愛各基金公司大力推廣的定期定額，因為它們的機制太難看清楚你的買進成本和其他費用成本。我寧願自己有錢的時候去投入，而且做資產分配，這樣你會更清楚你的成本結構。

　　資產配置的決定，很大一部分是跟你想達成的財務目標有關。然而每個人想達到的財務目標都不一樣，所以資產配置的組合也會有所不同。但你應該要問怎麼樣的組合，可以幫助你更快、更安全的達成你要的目標？如何決定股票、債

券和另類投資工具的比例，這是一個重要的決定。

常有人說依年齡做調整，我倒覺得年齡不是決定比例的最重要因素，而是你需要多少的回報率才能達到你的目標，過你想要的生活才是重點。沒有一個終極範本比例可以給大家套用。No one size fits all allocation，別人的配置不一定適合你。你投資組合中的資產配置，應該要在任何時間點反映你想達成的目標。

有一些研究是關於什麼樣的比例，可以帶給投資人最豐厚的報酬，股債的比例從8：2、7：3到6：4都有聽過。所以，應該以你需要達到的目標收益率，來決定你的股債比例，然後再多元化你的股票部位及債券部位。

根據過去的歷史平均來說，一個全球的股票組合，平均每年的回報率是１０％，債券組合的平均每年回報率為５％，那麼如果你的資產配置是５０％股票和５０％債券的話，長期來說每年平均可以預計的回報率為７．５％。（１０％×０．５）＋（５％×０．５）＝７．５％。以此類推找出適合自己的股債比，我目前是大約７：３的比例。

另外，儘量使用低成本的投資工具，來節省你的成本，先存下來會比你先花掉、再想辦法賺回來的好。反映在實質的報酬率上，我的確發現用個股、指數基金等等，可以有效降低成本。而且持有指數基金一股就等於持有一個指數的所有成員，又能更進一步做到分散投資、降低風險的作用。除

了工具的交易管理成本之外，很多人會漏掉要考慮不同工具間的稅務成本，這也是需要全方面考量的重要成本之一。

　　最重要的是一定要有保守的債券比例，債券的比例包含了不只純粹債券投資工具，也可以包含你的現金部位。其實債券的起伏不大，這個部位可以在你碰到股市大跌的時候（這時通常債券反而是漲的），可以減碼你的債券部位，拿來買進你覺得因為市場短暫失去理智，而有潛力的股票市場。為了不要讓自己處於被迫在市場最糟的時候，為了要有現金而賣掉你的持股。你一定要有保守的債券投資比例，和持有部分現金及會配息的投資，例如債券、REITS、固定配息的股票等等。

　　這個保守比例，也可以幫助你在股市不好、大跌的時候，可以調整及動用。在市場低檔的時候，用你的保守部位進股市大撿便宜。人家說不用怕市場調整，只怕沒有參與到。只要你是長期參與市場，市場就會一直上漲。記得以長期為目標，沒事不要 cash out（兌現），只要用短期改變你的股債的比例，來撿股市的大便宜，等市場漲了一段，再把債的比例調回來即可。

　　此外，還有 2 個動作，有助於資產配置。

1 認真持續探索 Explore：

練習分配一定的資產配置比例，可以額外帶給你超越市場平均回收的機會，因為這些中長期的成長趨勢或策略，可以額外增加你的收穫。

2 部位再平衡：

市場的週期捉摸不定，很難說何時漲、何時跌。不成熟的投資者容易追高買入上漲的東西，並殺低賣出下跌的東西（我到現在也還是有判斷錯誤的時候）。再平衡你的資產配置比例，有一個最大的好處是，它迫使你做相反的事情，迫使你賣掉資產漲多的部分，然後加碼低估的資產。當情勢反轉的時候（一定會），你將獲得更多回收。再平衡沒有硬性規定多久做一次或什麼時候做，我自己是一年做一次，或者是市場有很大變動的時候執行。

不想做再平衡呢？也是可以的。在３０年的時間裡，一個投資組合最初將６０％分配給股票，４０％分配給債券，而且從未重新平衡，將會自然慢慢轉變為９０％的股票和１０％的債券組合。因為股票比債券漲得快，所以比重當然會慢慢變多。所以這樣的投資組合，預期回報會高於一直有做再平衡、把股債比維持於 6：4 的投資組合。但是若不做

再平衡，投資組合的上下波動也將更大，風險也會再高一些。

我們以上的討論，是關於你如何做資產配置的一些基本原則。只要你記住，市場長期來說幾乎一定是上漲的，還有完美把握市場的漲跌時機幾乎是不可能的，所以你要有一些應對的策略。萬能無敵的資產配置，來自於你有準備、有對策、有時間、有耐心、有謙虛，有想過怎樣做對你自己比較好，可以達到目標，最重要的是起而行付諸行動！

捲起袖子來建立你的資產組合吧！

我很常聽到年輕人說：「我沒有多少錢，還需要做資產配置嗎？」只要你對理財有一定的興趣，或覺得是你該做的事，那你的資產一定會長大。如果現在你有 1 萬元，想想如果哪天你有 1 0 0 萬，你會不會想做資產配置？大部分的人如果有 1 0 0 萬，當然會做資產配置囉。那為何不早點開始呢？尤其是資產配置的目的，就是讓你可以冒你想冒的風險，並最大化你的回收。

1 決定是不是要做資產配置

你自己要決定，是不是想要做資產配置，尤其是剛開始

接觸理財投資的人。我比較建議沒有太多理財投資經驗的人，反而要先做一個全球市場的資產配置，至少在你學習成長的期間，你的錢不會變薄。而且藉由觀察你自己的全球市場部位，也是很好的學習過程。所以應該朝向你有１００萬的心態來做你的資產配置，就算你現在手頭上只有１萬元。另外，如果你想要主動投資股票或 ETF，在初期你可以留一個額度給自己做投資用，譬如說２０～３０％的額度，在做了一段時間後，你覺得做得還不錯，就可以再撥一部分的全球市場配置，讓你做主動的投資。

2 決定你想要的大項目分配（股債比及主動投資的部分）

這和你的理財目標有相對關係，在做完你的計劃後，你知道你需要多少的年平均收益率嗎？我們用過去的歷史平均來說，一個全球的股票組合，平均每年的回報率是１０％，債券組合的平均年回報率為５％，來作為我們計算的基礎。試試看用不同的股債比，譬如８：２、７：３，然後假設你自己主動投資的希望年報酬率為１５％ 好了。你自己主動投資的部分，也會算在你的「股」的部分，就是你的「８」或「７」的部分喔。我做了一個簡單的試算，你們也可以玩玩看。通常如果你的目標收益率是１０％ 以上，你真的要提高你主動投資的精準度，才會比較容易達到你的目標收益率！

Target（目標）			
	預期報酬率	比例	目標報酬率 8％
全球股票 ETF	10％	60％	6％
全球債	5％	30％	1.5％
自己主動投資	15％	10％	1.5％
資產組合報酬率			9％

Target（目標）			
	預期報酬率	比例	目標報酬率 10％
全球股票 ETF	10％	60％	6％
全球債	5％	20％	1％
自己主動投資	15％	20％	3％
資產組合報酬率			10％

Target（目標）			
	預期報酬率	比例	目標報酬率 12％
全球股票 ETF	10％	35％	3.5％
全球債	5％	20％	1％
自己主動投資	15％	45％	6.75％
資產組合報酬率			11％

　　其實怎麼做資產配置沒有一定的對錯，只是怎樣的配置
適合你，讓你可以降低風險，卻又同時達到你想要的平均收
益。越是長期投資，機率絕對是越高的。

　　決定完你想要的股債比，還有你自己主動投資的比例
後，我們先來討論全球股票市場的部分。有研究報告說，你

的投資組合中至少要超過１５個項目，才可以算是完全多樣化的 portfolio（投資組合）。聽起來還蠻眼花撩亂的。但是你的全球股票市場部位，就算扣掉自己做主動投資的部分，也還是你整個 portfolio 中蠻大的部分，所以的確需要做一些分配。你當然可以直接選擇一個全球股票型基金或全球股票型 ETF，但你之後就沒有辦法做部位再平衡，也沒有那麼分散風險了。

　　我的建議是，或許你可以先用簡單的區域比重做一個分配，以各個區域市場的市值作為比重的依據。例如以現在來說，北美比重大約６０％、歐洲市場比重大約１７％、亞洲大約１２％、新興市場大約１１％。最少用這個比重，在各個市場挑一個工具。（參考 Vanguard 全球股票 ETF 的各區域比重，如右圖）。用簡單的區域比重做一個分配，以各個區域市場的市值作為比重的依據。例如你有１萬元，那以北美６０％，歐洲２０％，亞洲１０％，新興市場１０％這個比例來投資，１萬元裡面用６千投資北美、２千投資歐洲、１千投資亞洲、１千投資新興。

圖：Vanguard 全球股票 ETF 的各區域比重

　　因為北美市場比重將近６０％，如果你資金再多一些，可以進一步再分散一點。譬如說以４０％投入大型股 ETF、２０％投入在小型股ETF等等，再做一些進一步的分配等等。

　　如果你只有一點資金，一開始我會先挑比重高的區域做佈局。所以不要再執著於買００５０（台灣５０）了！如果你有多一些資本，可以考慮加入一些另類投資的元素，再加強部位的多樣化，例如黃金、REITs 房地產信託基金，或甚至虛擬貨幣 cybercurrency！其實這樣加起來，林林總總的也差不多有１５樣工具了，所以多樣性一定是有的。

　　那我們來談債券的部分，債市投資的比例決定好了，那
要如何分散投資呢？因為債市投資的比重相對輕，大約佔
２０～４０％，我大概會分散到３樣工具！先提醒大家一
點，如果你要你的股票部位和你的債券部位，風險可以相抵
的話，一定要挑公債性質的工具，才能達到這個目的。所以
請不要挑高收益債性質的工具，因為高收益債其實比較相近
於股票的性質，跟股票是正向連動的。用公債性質的工具（公
債是由各國政府發行的債券，而不是由私人企業所發行的債
券），才能降低整個股票投資部位的風險喔。

　　另外美國公債市場是全球最大的市場，佔全球債市的比
重也相對非常高，所以我大概是用短天期美國公債 ETF 和
中天期美國公債 ETF，作為我債市投資的工具。最近因為通
貨膨脹是一個很可能的趨勢，所以我又加了美國抗通膨公債
ETF，再更進一步多樣化我的債券部位。

　　另外要提醒大家，全球市場指數投資也不是穩賺不賠，
只是越長期持有，賠的機率才越低。加上你又做了像前面舉
例的市值比重（照各個區域市場大小的比重）的資產配置，
可以降低你總部位的波動，如果遇上股市特別糟的狀況，是
可以減少對你的衝擊。當然如果真的發生史無前例的全球大
崩盤，也還是可能會虧損（但這都是短期的狀況，所以才說
要長期持有）。但相對來說，你自己主動投資，長期報酬的
變數更大，一定有人的持股相對比較好，但一定也有人的持

股比全球指數投資表現還要糟的。

接下來就是要持續觀察你的部位,記得設個時間點做「部位比例再平衡」。重點是不要 cash out(賣掉變現),必須長期持有,才能達到平均報酬喔!被動全球指數投資的部分,給了你很好的風險和報酬平衡的後盾。另外,就是要持續精進你主動投資的能力和精準度,才能再提高你部位的總報酬率,來達到你想要的目標報酬率。請所有朋友們一起捲起袖子來做做看吧!

 ## 沒有永遠的新手, 讓我們往下一步邁進

開始練習投資個股

聰明的你會發現,原則上只要你追求的目標投資收益率高於 4 % 以上,大家(尤其是年輕朋友們)應該最常會用到的,其實是股票相關的投資工具。尤其年輕人一開始因為本金小,會需要比較高的目標投資收益率,來幫助自己儘快累積投資的本錢。而且在年齡尚輕、還沒有太多負擔的時候,相對可以多承受一些風險。其實儘早學習不同投資股票的方法,對你以後的投資生涯來說,是非常有幫助的。

我們今天來談談，股票可以有什麼樣不同投資的方法吧。其實我可以很快地達到我的退休目標，也是因為從股票投資開始的。股票投資有很多不同的方法跟策略，取決於你喜歡的參與度，或是你追求的報酬率有多高，你也可以開始一邊探索一邊學習。

1 股票投資的優點

1. 執行容易：只需開一個股票帳戶並準備好資金。
2. 做多或做空兩個方向都可以賺錢。（做多指的是認為股票會上漲而持有股票，等上漲後賣出。做空指的是認為股票會下跌，而用股票選擇權或融券賣空等工具，等股票下跌而獲利賣出。但是我自己這麼多年來其實大多只有做多。）
3. 投資回報可以非常豐碩。
4. 市場資訊很豐富。

2 股票投資的缺點

1. 與眾多專業人士競爭。
2. 你有可能一下失去很多，但也可能賺得比通貨膨脹多很多。

3. 資訊太豐富，學習如何正確的解讀是重點。

有什麼不同的股票投資方式呢？

1 基本面投資

　　基本主義者就是著重以基本面分析來檢查公司財務，藉由研究財務報表上的數字，與公司的競爭對手做比較，還有了解公司所處的產業及經濟的狀況和成長的程度。研究和公司相關的一切，例如財務報表（資產負債表、損益表、現金流量表等等）、管理層的狀況、同產業的競爭對手、產品優缺點、總體經濟、產業狀況等等，來找出值得投資的公司。找出來的標的公司，財務狀況是相對穩健，擁有比較值得長期投資的價值。

　　這需要具有豐富的金融及產業知識，也需要花費較多精力和時間來詳細研究。喜歡研究細節的人，會很享受分析的過程，只是每個人的能力有限，即使是專業股票分析師，也無法完全有效的追蹤整個市場中的所有公司。

　　我曾經在資產管理公司的投資研究部門，擔任新進的股票分析師一段時間。當時我們是 10 個人的投資研究團隊，以產業別區分彼此的研究範圍，每個人手上大約負責一、兩

種大產業來做產業分析。但即使研究是我們的正職工作，每個人能真正持續密切關注研究的公司，大概也只有２０家左右，而且一個月能真正去拜訪的公司，也只有這麼多家。去現場拜訪完之後，還要花時間做財務預測、產業進展、買賣價建議，並持續追蹤這些公司的基本面狀況和股價表現，確定是否符合預期，或需要進一步調整。當一個正職的股票分析師，全心專注於基本面的了解和追蹤，能顧及的公司範圍也都蠻有限的，就更別說是個人投資人了。

以散戶投資人來說，如果你想做一些基本面的研究，可以先運用有系統的篩選方式，找出你覺得有潛力的公司，再進行深入研究、追蹤，也是一種有效率的方法。

另外的折衷方法，如果你對基本面的研究沒有太大的興趣，那最少要理解幾個重要的基本面數字，如此也能看得懂大部分的財經新聞。

我自己雖然修過會計學，但還是跟它們很不熟，這也是我沒辦法繼續做專職股票研究的主要原因之一。但了解幾個重要的數字，可以幫助我知道公司大概的基本面狀況，也可以用來幫助我篩選出體質不錯的公司。

2 技術分析

技術分析這個方法，並不關心公司的基本面表現或產業

狀況。技術分析只根據過去股價的表現、它的趨勢、價格和交易量進行評估，從中找出過去股價表現的模式。再用股價表現的模式，來預測未來股價的趨勢。技術分析是一個有效作為發現股票買進與賣出機會點的工具，如果使用者沒有對解讀技術分析的方法有足夠的知識，解讀的結果通常會因人而異。

　　既然技術分析只依據股價、交易量的歷史表現，來作為預測的基礎，如果你不確定投資標的的基本面狀況，只單純使用技術分析作為你決定買賣的工具的話，你的風險相對會更高。如果可以先用基本面的一些指標數字，作為篩選投資標的的原則，再配合技術分析作為買進與賣出時機的輔助工具的話，投資的風險會因為經過雙重工具的驗證而降低許多，進而提高了勝算。

3 短期交易 （Trading）

　　短期交易指的就是非常頻繁的買賣活動。可以用各種不同的研究分析方法，或純粹認為有短期獲利的機會，就做出買進和賣出股票的決定，如跟著市場消息或技術分析等等。然而，短期交易本身意味的就是快速且頻繁的不停進出交易，只願意短期持有（甚至有些人不放超過一天的），這種投資策略，與買入並長期持有的股票投資相當不同。典型短

期交易的人，需要眼睛一直不斷的監控市場的變動，以及快速頻繁的買賣股票來累積利潤。這是一種相對高壓和耗時的股票投資方法，當然交易的成本也會比長期持有的方式來得高，因為每筆買賣都有費用產生。另外，你也必須支付費用訂閱即時市場資訊，來作為買賣的基本參考工具。

　　我剛開始做投資時，發現自己本來以為可以長期持有股票，卻很容易變成短期交易。只要市場有任何消息出來，我就很容易受到影響，對自己的判斷沒信心，而賣掉我手上的股票。最主要的原因是，我沒有做好功課，沒有好好了解我買的公司，所以沒有充分的理由，讓我抱著這些有長期投資價值的股票，也容易忘記我當初為什麼買進的理由。大部分時間我會怕沒有跟上市場的消息或變動，也因為對我買的公司信心不夠，因此很容易受到影響就賣出股票，造成我所做的大部分交易，都只賺一點點就獲利了結。

　　我身邊有幾位認識多年的資深交易員，甚至有的是銀行和證券公司的交易主管，不管幫公司投資的部位有多厲害，但在處理自己的投資時，總是沒辦法達成自己設定的財務目標。甚至有一位交易主管在轉行多年後告訴我，他以前分秒必爭及無時不刻不敢離開交易系統面前，深怕錯失交易的機會。他覺得這樣實在太累了，而且大部分交易並沒有達到他最低的預期，所以一旦他有機會可以轉行，他毫不猶豫的轉行，因為短期交易的工作實在太累了呀！而且到現在也沒有

聽過，因為做短期交易而致富的例子，都是以長期投資而致富的例子居多啊！

4 價值投資（Value Investing）

價值投資是一種聽起來相對簡單的策略，你不一定需要具有豐富的金融知識，但需要學習如何找出公司的「真正內在價值」，以及找出值得投資的股票價位（就是要夠便宜）。我大部分將價值投資策略，運用於找出長期成長的機會，來納入我投資組合的一部分。如果你有一些基本的財經常識和耐心，以及願意一開始花些時間去做選股和計算，你就可以成為價值投資者。**奉行價值投資法的人，最有名的就是巴菲特、葛拉漢和彼得林區等等。**

但價值投資在大多頭的時候，最常會遇到的麻煩是，就算你找到值得投資的標的，但他們的價位已經遠高於你可以接受低買的範圍了，這也是現在巴菲特的公司面臨到的難題。所以「耐心」在做價值投資的時候，就非常的重要！你有沒有辦法等到適當的時機和價位，再進場投資呢？！

5 高股息投資 (Dividend Investing)

高股息投資是一種長期持有股票、等待配息的投資策

略，就是透過買入和長期持有這些高配息的股票，創造持續
的股息收入。從長遠來看，這些股票一直為投資者提供穩定
的股息現金進帳。但是要注意的是，高配息股票不是配息越
高就越好，它要有過去長期持續的高配息紀錄，也代表更重
要的是，未來公司要持續保持高配息政策不變，才是我們需
要的，因為長期配息比高配息還好，我們要了解股息投資重
在持續性。另外也要了解這類股票的性質，高股息股票的波
動性相對較小，當市場看好並持續大漲的時候，高股息股票
的漲幅會比大盤少；當市場持續表現不佳，高股息股票的跌
幅也會比大盤少。

這幾年我因為退休了，才有多使用這個投資策略，因為
沒有收入了，相對的股息的稅務負擔也減少了。在使用高股
息的投資策略之前，請先要了解你所需報稅地區，關於股息
收入的稅賦規定。提醒各位，２０１８年起，台灣關於股息
收入的稅賦部分也有些調整喔。稅金其實是你在做股息策略
投資時需要規劃的一部份，不然你辛苦收到的配息收入，可
是會大半都拿去繳稅和二代健保費的喔！

（註：在「股息投資」章節，會再和大家多談一些稅金對你的收入的
影響。）

和大家分享常見的股票投資方法，其實我也沒有專精於
每種方法，但每種都會一點，可以幫助你投資更成功。初學

投資的朋友也要廣泛涉獵不同的方法，才可以儘早找到適合你的投資路喔！

新手投資人必須知道的 5 個重要數字

想開始學習股票投資，你一定要知道的 5 個重要數字，我們用白話來說明，真的一點都不難。只要你知道了這 5 個數字，就可以很容易的看懂股票相關的新聞，也很容易看出這家公司到底做得好不好、值不值得投資，預測未來的風險在哪裡。

老實說，我也很不愛看財務報表啊！覺得這些冷冰冰的數字和我很不熟，就算想混熟也混不熟啊！不要以為我大學修過會計學，就應該要很會看這些財報數字。我是到硬著頭皮自己學股票投資，才真正開始和這些數字打交道。就像在電梯裡碰到鄰居一樣，一開始因為禮貌不得不打招呼，才變得熱絡一些。我想告訴你的是，你現在不需要跟這些數字變得很熟，或一定要會算這些數字。只要你知道它們的存在，知道它們的基本意義，你就能開始慢慢變成投資高手了。我們從最基本的 5 個數字開始，以後你就可以看懂大部分公司的相關新聞和資訊囉。

1 第一個數字：營業收入

定義：通常會簡稱為「營收」，英文叫 Revenue。就是一家公司透過不同管道，賣出的所有商品和服務的金額。有時也會稱為「合併營收」。

舉例：如果你開一家甜點店，你賣各式各樣的甜點飲料，除了在店面賣，還透過網路平台，如蝦皮、Foodpanda、Ubereat 販售，甚至你還做特定場合的外燴、包場或甜點教學的服務。只要是你以店的名義收進來的錢，這都包括在你的營業收入裡面。

解讀：那營業收入要怎麼解讀呢？其實營收一千萬、兩千萬，都沒有什麼太大的意義。重要的是要做比較，有比較才能看出端倪和祕密所在。

台灣的上市櫃公司，必須要依規定公布每月的營收數字，因此每個月公布的營收數字，就是檢視公司營運好壞的第一步。「月營收報表」會在每月１０日前，公布上個月的營收狀況；季報是三個月公布一次，當季的報表在５月、８月、１１月的１５日前；年報則是一年一次、在隔年的３月３１日前公布。最近很多人投資美國股票，而美股財報與台股財報不同的地方是，美股沒有月報，只有季報和年報而已。

剛才提到重要的是做比較，「月營收」數字大多是和前

一個月的營收數字比較，或和前一年的同時期做比較。譬如現在是１１月底，你應該已經知道這家公司１０月的營收了，所以你可以和上個月９月的營收數字做比較，或和去年同期，也就是去年１０月的營收做比較。

　　為什麼要這樣比較呢？與上個月比較，當然就是看有沒有成長，雖然營收高不表示獲利高，但總是一個希望可以持續成長的收入指標。那為什麼要與去年同期相比呢？因為每一種生意都有它獨特的季節性。我們舉比較單純、簡單的例子，冰店的旺季一定是比較熱的夏天，冰店營收高的月份，大概就是７、８、９月了，所以你如果比較同年的９月和１０月的營收數字，基本的假設就是大概會減少的，這是正常的，當然也要看減少的幅度是不是正常囉。所以把這種季節性的因素也考量進去，你就會想用今年１０月的營收數字，和去年的１０月比較，這樣才會較為公平。

　　通常各個公司公布月營收、季營收的新聞，都會把這些數字公開，如果有什麼比較大的變動或和預期不符合的地方，新聞一般都會寫出來。而且最重要的是，你要看營收衰退或成長的原因是什麼？會不會持續下去？或者至少公司對外的正式說法是什麼？還有更重要的是，公司預期下個月或下個季度的營收狀況如何？這也是你應該要知道的，這樣你下次看到營收新聞的時候，才能知道這家公司有沒有做到他自己的預期？若持續沒做到，那你要不要修改你對這家公司

的看法？還是想持續做冤大頭投資人呢？

　　另外與營收相關的重要數字有：營收成長率、營業收入的同期成長率等等，再提醒一次大家，重點是要了解這個數字的代表意義，以及對公司的影響。

2 第二個數字：毛利

　　定義：毛利（Gross Profit）指的是你「賣出所有產品的營業收入」，扣掉你的「產品的成本」就是你的毛利。

　　舉例：假設你甜點店裡只賣肉桂捲，你的毛利就是賣出所有肉桂捲的營業收入，扣掉「製作肉桂捲的直接成本」，包括奶油、糖、麵粉等，跟你做出肉桂捲有「直接關係」的費用。就是原料成本及聘雇的員工薪水。但「直接成本」不包含你的租金、水電費、廣告費、研發費等等，店面營運產生的間接費用。簡單來說，直接成本就是你「拿來製作產品的本錢」。

　　解讀：清楚「毛利」這個概念之後，你可以初步了解這家公司目前的獲利狀況。但一間公司之所以能繼續營運，除了和產品相關的「直接成本」之外，還包含許多「間接成本」。包含你店面的租金、水電費、廣告費，這些我們稱為「營業費用或營運費用」。所以說如果毛利太低，公司就沒有足夠的錢來支付這些營運費用，因此毛利可說是企業獲利的最開始源頭。毛利可以作為公司衡量一個商品，是否值得

繼續販售的指標，同時反映公司是否做好製作成本的控管。如果你的肉桂捲有賺錢，但因為用的材料太好、太貴，造成毛利太低，賺的錢不夠支付租金、水電，你的店面也沒有辦法支撐太久吧？！

另外與毛利相關的重要數字：「毛利率」，有了毛利這個數字之後，還可以計算「毛利率」。通常在新聞中，大多聽到的是毛利率，因為變成比率後，就可以直接拿來做比較。但請記住，數字的絕對值越高，並不是代表一定越好。我們拿最近公布第三季財報的長榮來做例子好了，既然最近航運股很夯，但也很多人被套牢。因為一間公司的產品眾多，算成毛利率後，可以讓人看得更清楚，毛利率就是「毛利」佔「營收」的比例是多少。這則新聞說：「長榮受惠運價上漲、運能增長等利多，繳出亮眼的成績單，毛利率衝至６９％」，而毛利率可以用來衡量產品的競爭力。

新聞裡也列出原因：「２０２１年全球運輸供給及市場需求相當接近，但塞港延續時間太長、運作不順，而在供給減少下，運費往上提升，推升所有航線運價都是歷史新高」。所以你知道，因為 COVID- １９造成歐美塞港，而長榮能提供的貨運空間有限，所以他們可以在成本不變的情況下，讓客戶付出更高的價錢，因為物以稀為貴嘛！毛利率當然上升囉。

然後記者列出了長榮歷年來的營收及毛利率。２０２０

年第３季以前（COVID 造成塞港前），長榮的毛利率在
歷史上都在２５％左右，之後持續上升到２０２０年底的
３３％，及今年第一季５２％、第二季５５％，到剛公佈的
第三季６９％。一旦歐洲、美洲的塞港情形有改善，或許長
榮就沒有辦法要求客戶付出那麼高的運費，他們的毛利就沒
辦法那麼高了。所以觀察塞港的情況，是目前持有航運股最
重要的事。

（新聞來源 https://ctee.com.tw/news/industry/544014.html）

3 第三個數字：淨利

定義：淨利又稱淨收益、淨收入、稅後淨利、稅後純益、
稅後盈餘，英文是 Net Income。是入門投資人必須知道的重
要數字，這個數字為什麼重要？因為股東最後能夠得到多少
分紅，是取決於公司最後的稅後淨利金額剩下多少？市場對
於稅後盈餘這數字相當看重，稅後盈餘的增減，都會直接影
響個股的股價漲跌。所以股東對於稅後盈餘的關心，可能更
大於毛利和營業收入。

**稅後盈餘（淨利）= 營業利益（或稱是由本業來的獲利）
+ 本業以外的收支（這不一定常發生，它代表非本業帶來的
獲利和損失）。**

　　稅後盈餘作為一個總數，是評估公司在一段時間內獲利的能力。稅後盈餘可以用於向股東支付股息，或再投資回企業的營運，例如擴廠、增加產能或研發等等，都是可能讓企業營運再成長的關鍵。

　　舉例：延續我們前面賣肉桂捲的例子，稅後盈餘就是所有肉桂捲的營業收入，扣掉製作肉桂捲的直接成本，再扣掉店面的營運成本，例如水費、電費、店租等等，賺了２０萬。但是你還想要賺更快，因為做肉桂捲太辛苦了，所以你跟上新的虛擬貨幣投資風潮，買了比特幣。你拿去買比特幣的這部分，就是業外投資。而且因為比特幣的起伏大，到現在為止賺了１０萬元，稅後盈餘就是２０萬＋１０萬＝３０萬元。

　　解讀：我們前面已經說了，淨利是包含本業賺的和業外賺的錢，所以很重要的是，淨利不一定是越高越好。如果淨利成長是因為本業的蓬勃發展，那當然這個公司是比較穩健的。但如果本業其實是衰退的，只是因為一次性的業外投資賺錢或賠錢，都是一個未來值得觀察的重點。以賣肉桂捲的例子來看，本業是賺錢的，但賺的錢拿去業外投資比特幣，雖然業外投資也是賺錢的，但因為賺得太容易了，也有可能會越玩越大，反而無法專注於肉桂捲的本業上呢？

　　另外與淨利相關的數字：當然就是「淨利率」囉！其實

不要害怕看到什麼「率」，通常都是用「率前面的詞」除以「營收」而已，只是把它變成比率更容易比較。有了淨利這個數字之後，還可以計算「淨利率」，「淨利率」可以垂直和自己公司的歷史數字做比較，也可以水平的和同業做比較。由於各公司的產品性質和收入不盡相同，所以可以用同業的平均淨利率[註]，來跟某家公司的淨利率做比較，就能看出這家公司在同業間的淨利率是偏高還是偏低，更可以進一步知道，這間公司是否比較具有競爭力喔！

（註：同業的平均淨利率，指賣相同產品的其他多家公司，平均的淨利率。）

4 第四個數字：每股盈餘 EPS

定義：英語 Earnings Per Share，簡稱 EPS。EPS 這個詞很常在新聞中看到，是非常重要的數字。簡單來說，EPS 是這間公司經過一年的營運後，每一股可以賺到的金額。除了前面提到的純益率，每股盈餘也是判斷公司獲利能力的重要指標。

EPS = 稅後淨利／流通在外股數

流通在外股數是什麼呢？每家上市櫃公司，剛上市掛牌

的時候，就已經有不一樣的流通在外股數，這在公司掛牌後還是會變動的。因為時不時有員工配股、庫藏股買回註銷（公司從市場上買回自家股票然後註銷，所以公司股本變小，有利於一些財報數字的表現）等等。還有流通在外股數，也會受到公司增減發行新股數的影響。所以每股盈餘就是稅後淨利／流通在外股數。

解讀：如果以投資人的角度去解讀 EPS 這個指標，當然 EPS 越大，代表公司的賺錢能力越強，為股東創造的利潤也越來越多，值得長期投資。也因為 EPS 越高，象徵公司越會賺錢，因此能分配給股東的股利也越高。同時就會更吸引其他的投資人花錢投資這家公司，所以公司的股價也比較有機會上升。

那你就知道，**你想要的股利，就是從每股盈餘中提撥出來的，所以 EPS 也被視為每股最高可以分配的股利金額。**但通常公司的股利政策，大多會希望每年的股利發放，能有一定的穩定度，不要有時候高、有時候低。所以也會在獲利好的年度，配發比較少的股利，來保留在獲利比較不好的年度再發放。

EPS 也不一定是越大越好，需要注意的是「流通在外股數」的分母部分。公司可以藉由庫藏股的買回，來減少「流通在外股數」的分母部分，這樣的話 EPS 就會增加。但這並不代表公司獲利的能力增加，只是一種數字遊戲。所以要觀

察 EPS 是否持續穩定的成長，這才是重點。而且已經算出每股的盈餘是多少，所以也能和同業做比較。

EPS 相關的數字：每股盈餘成長率（EPS 成長率）。就像我們前面講的，絕對值越大不一定就代表越好，所以我們會比較一家公司不同時期的 EPS 成長率，只要公司的 EPS 成長率是有在持續成長，就是比較好的投資標的。所以 EPS 成長率，也是常拿來做股票投資篩選的指標之一。

5 第五個數字：本益比 PE

定義：英文 Price-to-Earnings Ratio，簡稱 PE。其實也就是本益比的算法，Price（股價）／ Earning（每股盈餘）的比率。

簡單來說，本益比是投資一檔股票的回本速度。以當下的「股價」除以「每股盈餘 EPS」，就能計算出當下的本益比。本益比是投資界最簡單也是最重要的估值方法之一。

解讀：透過計算公司當下的本益比，投資人可以知道，目前公司的股價是偏貴或者是便宜。簡單來說，就是用目前的股價來買入股票的話，到底值不值得？PE 也告訴你，以現在的股價買入一支股票的話，大概需要多少年才能回本（假設這家公司的 EPS，維持在現在的水準的話）。

　　一家公司的本益比，比同行的競爭者高的話，代表這家公司可能股價已經被高估，未來價格上漲的空間也比較有限；但也有可能是這家公司比同行的競爭者有更多的優勢，或更多不可取代性，所以會享受股價和 PE 都比較高的狀況。尤其是如果拿產業龍頭股和同業比較，產業龍頭股一定享有比較高的 PE，以台積電和聯電來說，一個是老大，現在的 PE 在２７倍，過往大多落在２０～２５倍的水準。為什麼台積電的 PE 已經這麼高了，還可以再更高？因爲今年台積電預估 EPS 的成長率約為１５％，而且應該是可以達到預期的。而聯電是產業老二，PE 在１６倍左右，聯電的 PE 和台積電的差距，已經是幾十年來都是這樣了。所以高 PE 的龍頭股，一定有它的優勢，而市場也預期它有更高的成長潛力。

　　另外低 PE 不一定是真的便宜，沒有成長性的公司，就永遠只會是低本益比，這點要注意！不可以因為只是低本益比就買進，但若是因為只是短暫的景氣趨緩而股價被低估，若能預期看到未來的景氣復甦的話，就值得留意。

　　所以**本益比的衡量：是看股價相對於 EPS 獲利的高低。**白話來說，本益比越高，代表股價越不便宜，潛在報酬率越低；本益比越低，代表股價越便宜，潛在報酬率越高。但是當產業或個股的預期獲利成長性越高，市場願意給予的本益比也越高（這是一種預期心態），因此解讀一家公司的本益

比，應該要配合產業跟公司的獲利成長性做觀察。

你也不用記這些數字，只要多看一些財經新聞，這些數字就會慢慢跟你混熟的！

如何做出好的投資理財決定

做出好的理財投資決定，是讓你財務成功的基礎，說起來簡單，但實際上要做出正確的決定，可不是嘴巴說說這麼容易的啊。跟各位分享一下，我自己這麼多年來跌跌撞撞的領悟吧！

的確是有一些步驟，可以幫助你做出比較好的財務決定。 這些步驟很容易理解，但還是需要一定的練習和遵守紀律，才能做的比較扎實。請試試看這些步驟，你可以更容易做出比較好的決定和更快獲得成功。

為了提高你做出好的財務決定的能力，有兩件最基本的事，請你要時時謹記在心：

1. **了解你的價值觀和最重要的優先事項（你理財投資是為了什麼？）**
2. **明確的了解自己的財務現況**

好的財務決定，來自於了解自己為什麼理財。如果你知

道什麼對你真正重要？為什麼重要？那麼在使用「錢」時，
就容易做出決定。

你的核心價值觀是什麼？對你而言重要的是什麼？你為
什麼要努力賺更多的錢？或者明智地投資？擁有更多的錢，
本身並不是一個真正的目標。而是錢能讓你在生活中達成什
麼，才是最重要的。如果你知道自己是為什麼儲蓄及理財，
你就會找到更多的動力，為儲蓄和投資做出更多努力。像我
就很清楚知道，我理財是為了不要受控制，可以有更多選擇
的自由。

但同時你也不能忽視實際的情況：看清楚你的財務現實。
如果你的現金流顯示，你花的比你賺的多，那就是一個問
題！也不用討論你的價值觀是什麼，答案就是入不敷出！這
就是現實狀況，沒有任何藉口。

還有我們在做決定的時候，「對」和「錯」不是有用的
標籤，把事情歸類為「對」或「錯」都無濟於事。與其說對
與錯，不如多想想「這樣能幫助我達成的目標嗎？」會比較
好。你的決定沒有一定的對錯，當下只有比較好或比較合理
的決定。你的決定所帶來的影響是在未來，你只能在做決定
的過程中，儘量客觀的考慮種種因素，做一個比較適合你的
決定，而決定沒有一定的對錯。

那在做**財務決定的過程中，有什麼我們可以先做的，或**

可以幫助我們儘量客觀的思考呢？

1 累積資訊，關注於事實、而不是評論（別人的想法）

我們生活在一個可以免費接收大量訊息和知識的時代，學習任何新事物，都從未像現在這麼簡單。剛開始學習理財的時候，你需要刻意的累積自己的資訊量，你需要事實和數據來幫助你進步。我在 Part 3 的「如何開始累積理財知識呢？」有跟大家分享我的經驗和小技巧，有空可以再讀讀看。重點是對數據的含義要做出自己的判斷，這就需要反覆訓練自己獨立思考。

但是訊息氾濫的時代，也有一定的缺點和問題，例如訊息不一定都是真實的。要學會如何辨識，就要時時刻刻心存懷疑，找方法去印證。還有如何過濾那些對你並不重要的訊息，這在你剛開始學習的時候，可能會有一些困難。但是持續累積和吸收，過了一段時間後，事後追蹤並驗證這些訊息，可以幫助你更快判斷，什麼是好品質的訊息來源。**當你做出的決定會影響你的財富的時候，僅僅依靠看到的訊息或報導，就以為報導者都已經驗證過了，這樣是不夠的，還是要依賴自己查證，才比較踏實。**

我們也不要被大量的訊息綁住，陷入過度分析，容易造

成我們舉棋不定並害怕下決定。太多的信息，會讓我們因不確定性而卻步，無法簡單地選擇一條路徑來採取行動。即使我們不知道什麼是最佳的行動，通常也比站在一邊什麼都不做的要好。

請記住，我們不會總是做出正確或錯誤的決定。只要你能客觀地詳細思考，再來做出決定。經過這個寶貴的過程，你就已經比根本沒想過的人要好得多了。所以不要倉促下決定，儘管你可能會說服自己，我已經思考過了，但思考太快也可能不太周全。試著反覆推敲看看，可能會有不同的想法喔！

2 至少要對自己誠實（尤其是要對自己誠實）

我們的確可以用一些冠冕堂皇的理由，說服自己做出一些非常糟糕的財務決定。雖然說這真是難以相信！但是的確是會發生的。你對決定的背後動機，要願意誠實面對，要清楚了解你有多想要達到目標，畢竟你最瞭解你自己。

如果有必要，可以向擅長理財的朋友或家人徵求意見，並分享你的思考過程，如果是他們會怎樣做？與你信任和尊重的人討論，但他可能不會同意你的想法。這有兩個好處，首先，這樣會逼你再想一想你的決定和別人有什麼不同？為什麼你們的想法會有差距？試著解釋你的想法，也許可以得

到對方更多的建議。

3 列出可能的結果清單

　　寫下你的決定最後可能出錯（或不如你預期）的幾種狀況，以及你覺得機率是多少？你可能的損失大約會是多少？因為如果你一開始的決定，就認為這是一個百分之百確定的事情，並且不會出錯，那麼這或許是一個你還沒有全盤詳細考慮清楚的訊號。因為沒有什麼事情是百分之百的，就算現在是，未來相關的事實也會變動。所以列出可能的結果清單，可以幫助你再次釐清，是不是有什麼盲點你沒看到？

4 擁抱不確定性

　　這個可能會讓你大吃一驚。人們都不喜歡不確定性，也是因為對未知的恐懼，讓很多人遠離股市。不確定性也助長了保險業，尤其是在人壽保險方面。但我們真的需要花費大量的資金，來防範這些所有不確定性嗎？雖然其中一些必要的保護是不可避免的，但在花費大量資金以換取保險之前，我們應該三思而後行，這樣值不值得、是不是有更好的方法。這些保險產品除了高費用之外，還限制了我們資產的上漲空間。所以在付出高花費的保險之前，要三思而後行。只要你

願意承受計算過的風險，擁抱未知其實是有時也會有回報的。

5 不要貪婪

　　舉個例子，你應該知道那種感覺的。譬如有一位朋友報了一個厲害的股票明牌，但是在你的腦海深處浮現了一個擔憂，就是「這太美好了，不可能是真的。」而這種質疑也通常是真的。或者是市場一片榮景，好像勢不可擋，每天都有大好消息讓股市大漲，通常這時候，就是要開始留心市場上忽略的一些負面信號，這些小信號或許很快的就會變成市場大跌的原因。當涉及到錢的時候，我們需要了解和監控自己的情緒，不要讓自己的感性大於理性。如果我們經常被這些快速致富的心態所誘惑，我們就應該記取教訓，在下次行動之前要三思而後行。我自己有一個帳戶，專門在投資所聽到的明牌，當然操作部位不大，但我就是想要驗證所聽來的明牌表現如何？而這個帳戶的表現當然不是很好囉，通常聽到的明牌，都會套牢蠻久的。

6 先做重要的事情

　　有些人（包括我）會習慣一直拖延，不去做最重要、最

麻煩的事。只要你真的覺得重要，就要撥出時間去面對，不要讓不重要的小事填滿你的生活，找盡藉口不面對重要的事情。尤其是財務相關的事，大的佈局不是一天做得完的，但你可以把需要做的事情先記下來，並排開雜事專心去思考。尤其是在財務方面，重要的項目要優先進行，例如做好財務安全網、為你的目標做財務計劃等等。先把重要的事情做好，其他的就會順理成章了。

　　最後呢，如果你面臨到一個很難做出決定的選項，那麼好消息是：你可能不會出大錯。因為如果你面臨一個很艱難的決定，這可能是因為你要在都很好的選擇之間進行抉擇。你需要選擇的兩個選項，可能看起來非常非常不同，但同樣的沒有絕對的對與錯。未來是不可知的，我們只能儘量從我們現在的位置，有智慧的來做出決定。我們今天認為很棒的想法，可能未來回頭看，對我們來說卻是很糟糕的。但我們當下可能認為是「錯誤」的決定，實際上長期來說，可能是我們做過的一些最好的決定。

　　所以當你不得不做出艱難的選擇時，可以想想看，什麼樣的選擇最符合你想成為的人？（或是你想培養什麼樣的價值觀？）什麼樣的選擇可以支持你的努力？什麼選擇與你想要的重要目標是一致的？加油吧！我們的人生是一連串的抉擇所組成的喔！

大趨勢投資

我們處的環境日新月異，天天都有新的科技出現，應用在我們的生活中。新科技的出現，和相關投資的時間落差，也已經越來越小了。我這兩年來最常被問到的問題就是以下幾個大趨勢，和大家分享我的觀察。

比特幣等加密貨幣到底
值不值得投資呢？

最近我最常被問的問題，就是加密貨幣值不值得投資，尤其是 Bitcoin 比特幣。其實現在隨時都有很多新的投資機會出現，尤其是在基因定序（genomic sequencing）、機器人、能源儲存、人工智慧（AI）及區塊鏈科技（Blockchain）等各方面。而比特幣就是區塊鏈科技的發展。

適不適合你投資呢？其實必須從自己願意花多少時間去了解，以及自己的投資需求和你的風險接受度來考量。最近來問 Bitcoin 可不可以投資的人，不乏過去教過的學員，尤其在評估投資風險時，表示自己是很保守的人，但因為最近聽說 Bitcoin 漲了很多，身邊朋友也有投資賺了不少錢，而心癢癢來詢問的。那我們要怎麼考量這樣的新商品，適不適合我

投資呢？還有未來碰到其它新的投資商品要怎麼判斷呢？

1 我第一個會考量的是，這個新科技的本質是什麼？

比較技術性的部分，也許不一定能完全了解，但要至少著重於這個科技的本質。

加密貨幣是建立在區塊鏈技術上的一種應用，由多個加密的區塊鏈連結，其中每個區塊都含有最近的所有交易或該區塊交易前的交易紀錄。區塊鏈又具有去中心化的特性，就是不需透過任何機構，例如銀行、券商等來交易和保管。

加密貨幣主要的目的，是利用電腦程式計算認證和加密技術，建立一個安全、獨立、去中心化的數位支付系統。

市場上也有人認為，比特幣的誕生是由於市場想要一個全球共識貨幣（單一貨幣，有點類似歐元的概念，但是是由全球市場的自然供給需求而產生價格）的結果。現在傳統的貨幣市場都由政府在控制，如：美金由美國來控管，新台幣由台灣控管。每一國的中央銀行會用貨幣政策來干預匯率，另外發展中國家的貨幣超發（就是沒有等量的黃金做發幣的儲備，卻不停印鈔票，很容易讓該貨幣淪為壁紙，使國家破產），以及通貨膨脹等等問題。就是有許多不當的人為干涉管理，所以去中心化的加密貨幣問世，當然為金融市場帶來不小的震盪。

2 我第二個會考量的是，這個新商品的風險在哪裡？

加密貨幣如果被駭客盜走了，也就完全沒有了。雖然加密貨幣本身使用全球最先進的加密計算法，又搭配區塊鏈的驗證機制，應該是很安全的。但是新聞上看到交易所被駭客攻擊，比特幣被竊取的新聞不少。其實不安全的不是加密貨幣本身，而是線上交易所和你拿來儲存的電子錢包，這些周邊的配套措施，才是比較大的風險。

尤其比特幣是一種金融網路化的科技，其去中心化的特性，也意味著政府沒有辦法用現有的金融法規來規範，尤其是洗錢防制及交易實名化的規則，目前還沒有辦法應用在這樣的金融科技上。通常透過傳統的交易路徑，都可以在某一個程序把交易暫停，但比特幣一旦轉手了，就完全沒有可以攔截的可能，因此被盜走了就都沒有了。所以，「政府未來會如何監管這樣的新東西，也會是目前最大的風險所在。」

3 我第三個會考量的是，未來長期趨勢和機會在哪裡？

加密貨幣或許有機會成為抗通膨的工具，因為現在所有的資產類別，如房地產、股市、商品等等相對都很貴，只有比特幣在前年（２０２０年）時還算是便宜的，所以現在回頭看它的漲幅，可以說它有機會變成抗通膨的工具，但這是

現在的判斷。如果這麼短的時間內漲這麼多，當然說是抗通膨，十年後來看，如果比特幣大跌，那抗通膨或許就不成立囉。

也由於加密貨幣去中心化的特性，讓它成為不受人為政策操縱，完全可以由全球市場供需決定價值的一個貨幣。這也同時表示，如果很多人覺得這項工具值得投資，那價格就會上升，如果今天有其他的因素，造成投資人認為這項工具不值得投資，價格也會跌得很快。所以我覺得現在來說，加密貨幣的機會，就是它可能成為更透明及更多的平台，讓像我們這樣找機會的投資人來投資。參與的人更多，當然上漲的機會也越大。

巴菲特就不會投資比特幣^註，是因為他的「價值投資」哲學，是基於任何東西都有一個「內在價值（intrinsic value）」。他認為必須尋找目前市場上內在價值被低估的股票，因為市場有一天會認出這家公司應有的內在價值，並賦予它該有的股價。就像各國的貨幣，有等值的黃金當作發行的根據（這點或許有待商討，有不少國家超發貨幣並沒有等值的黃金當儲備，只是或許沒有被發現而已）。我自己倒是覺得價值是被人們所賦予的，一開始投資比特幣的人，是用自己的辛苦錢，去換當時等值的加密貨幣，所以賦予了比特幣一個價值。對人們來說，大家就是掏錢買了一個高科技的貨幣，這個貨幣有點像是一個商品，例如黃金、銀等等。但

更明確的是，供給是有限量的，所以市場的需求就容易影響比特幣的價值。

（註：比特幣供給是限量的，雖然任何人皆可參與產生比特幣的活動，可以透過稱為挖礦的電腦運算來發行。但比特幣協定數量上限為 2,100 萬個，以避免通貨膨脹問題。）

　　在我觀察比特幣的期間，也有思考過應該如何去交易比較安全，所以當我想投資比特幣的時候，我並沒有從最基本的，去找交易加密貨幣的交易所或錢包來進行。其實我知道台灣有好幾家、國外也有好幾家，但我前面提過，加密貨幣最大的風險，就是它的配套措施，如交易所或錢包。所以我反而是去找了傳統金融市場上，可以拿來投資比特幣的工具（基金）。在這個時候，傳統金融市場的一些基本遊戲規則，或許可以幫助我這個小小的投資人，規避掉一些風險。

　　我找到了一支在美國股市公開交易的信託基金，可以幫我做到這件事。畢竟我投資比特幣並沒有真的想要拿它來做實體的交易，而是覺得這是市場的一個大趨勢，的確是有長期的投資價值，我希望從參與當中，可以獲得長期資本利得（就是買低賣高）的機會。

　　再加上我是一個蠻懶的人，如果為了要買加密貨幣，而需要重新在某一個我不是很熟悉的交易所開戶，而後還要再去了解所有的交易程序，以及每一個交易環節的風險，對我

來說需要做的功課太多。所以我決定透過信託基金來投資，省下一些時間，不然哪有時間吃喝玩樂和做 Podcast 呢。

　　加密貨幣其實剛開始常被視為是詐騙的工具，或是黑市交易的籌碼。我還記得 5、6 年前有個朋友的筆電中毒，資料全不見，有駭客來索取贖金，並堅決要我朋友用比特幣支付。

　　加密貨幣除了原本科技圈內的人，到對新科技有興趣的個人投資者，目前甚至透過更多傳統的機構平台都可以投資。加上近來還有機構法人願意掏錢出來做長期投資，而成為投資市場的新寵。

　　老實說，我其實對新科技的東西，並沒有能像科技圈的人這麼清楚，但我用功去了解這個商品的本質、風險和機會，還有適不適合我的風險味蕾，如果真的想投資的話，還要考慮可以如何降低風險。

　　從 2009 年這個技術誕生，到現在 2022 年，這 13 年的時間，虛擬貨幣已經經歷過好幾次的起起伏伏。尤其是 2018 年的 20,000 美金泡沫爆掉之後，再到 2020 年底突然一下子漲上來，最主要也是市場的需求原因提高價格，然後市場也漸趨成熟。有些加密貨幣的供給，其實是有限定數量的，所以當更多人認同它的投資價值，想要購買的時候，因為只有這麼多的加密貨幣，價錢當然就會上漲。

分享我投資加密貨幣的時機：

其實我並沒有太早投資比特幣，最主要是這麼長時間以來，我覺得加密貨幣還沒有成為一個成熟的市場。我一直有在留意，但我覺得不需要買在剛開始的最低點，或是泡沫一爆發之後，那時候的風險或許我沒辦法承受。我認為會需要很長的時間，才能達到我想要的報酬，同時還有其他更好的機會值得我投資，因此就不急著投資加密貨幣。

這樣的狀況持續了好長一段時間，應該有幾年吧。一直到有一則新聞吸引了我，讓我馬上決定要投資比特幣。就是２０２０年１０月底的時候，Paypal 宣布可以透過他的平台購買比特幣。對我來說，Paypal[註] 已經是一個可以信賴的品牌，畢竟這個平台已經在市場很多年，且一直都有好好經營著。而這樣的合作，其實對 Paypal 或比特幣來說，都是一大利多。有很多人像我一樣長期觀望，並希望可以用比較熟悉的平台，來做此項新投資交易，所以這消息絕對是一個契機。

（註：PayPal 是一個總部位於美國的網際網路第三方支付服務商，也是這種電子支付方式的龍頭之一。它允許使用電子郵件來標識身分的使用者之間轉移資金，避免了傳統的郵寄支票或者匯款的方法。PayPal 也和一些電子商務網站合作，成為它們的付款方式之一。）

因為我覺得這件事是一個長期趨勢的起始點，對我這樣的投資人來說是一個好消息，多了一個我信賴，也已經在用

的管道投資比特幣，所以我覺得是可以引起投資人的共鳴，也會增加市場對比特幣更多的需求。

在商品有限量供給的情況下，需求卻一直不斷增加的話，那你覺得會有什麼事情發生呢？果然從此以後，就陸續開始有不少機構法人、網紅表態一路看好比特幣，所以比特幣就一路向北走到現在。我也很幸運的因為有這樣的思考和觀察，買在去年底大趨勢的開始。如果你覺得這個市場的參與者，尤其是機構法人的參與，只會更多、不會更少的話，那或許是個投資的機會。

自己的風險胃納

比特幣或是加密貨幣，基本上的確是一個非常高風險的投資，它不但是一個新的商品，而且它的本質或是技術，不是這麼容易被一般人所了解。但這個市場的確已經開始形成也慢慢成熟，這或許是一個長期的趨勢。尤其欣慰的是，它已經失敗過幾次卻依然存在，所以這個市場或許是有長期存在的可能。再加上現在有更多的個人投資人，甚至是專業投資人，到後來是機構投資人都加入。

雖然機會很大，風險也不小。既然是如此高風險的投資，你就更要有最壞的打算。我的建議是，你如果像我這樣思考過，也做了一些功課去確認加密貨幣的特點，找出你認為它未來的趨勢及風險，那就要看看你的風險胃納程度，到底可

不可以承受投資比特幣的風險，最後再來決定是否投資。如果你決定是值得投資的，就要考慮一下資產配置的問題，或許可以透過資產配置，再降低一點你的風險。

　　從實質數字上來看，我現在放在加密貨幣的部位，聽起來蠻大的。可是其實它佔了我整體的資產還不到5％，所以今天就算我賠光了，我就是只有５％的損失，也不難賺回來，就算加碼，我覺得最多就到１０％。那你覺得呢？也來仔細思考一下 Bitcoin 值不值得你投資吧！

「元宇宙」是什麼新投資潮流？

　　「元宇宙」是什麼樣的新潮流？連臉書 FB 都將公司改名為 Meta（中譯：元），來全力研發「元宇宙」這個新趨勢。宏達電又如何沾上邊呢？想學投資的你，應該要知道的是，這會是不可錯過的投資機會嗎？

　　其實之前我才在想，股市好久沒有新花招了，應該不久就要有新話題的出現了吧，是有實力的新潮流出現，或是譁眾取寵的新話題呢？其實這是股市的常態，總是要有一些新鮮事來刺激，讓投機或投資的人，不斷有一些新動作，股市才會活絡。不然大家已經知道的潮流，不會一直漲不停，總是會有疲軟的一天。

　　我們先來聊聊「元宇宙」是什麼吧！我找了不少不同看法的資料，瞧了半天，我節錄各界的說法，找到一個我覺得比較中肯、簡單的說法。其實最主要是因為 COVID 疫情，促使大家的生活更快速的轉向數位化、虛擬化。也因此提升了 AR（Augmented Reality 擴增實境）、VR（Virtual Reality 虛擬實境）在遠端互動的應用。

　　你可以將元宇宙想像成是一個虛擬現實的世界，或者是一個大型的多人線上遊戲，但是沒有任何限制。人們可以玩遊戲，也可以像正常現實生活般的交談、購物、散步、聊天、看電影、參加音樂會，做任何他們在現實生活中可以做的事情。但是最關鍵的是，元宇宙這個虛擬世界，會以各種目前還無法預測的方式與現實世界互動。為什麼說的那麼玄？因為目前實際運用的軟體、硬體等產品，都還不是很成熟，甚至還沒有開發出來。所以大家要知道，這個所謂「元宇宙」的環境，還有很長很長的路要走。

　　目前來說，最貼近或說最有優勢接近「元宇宙」現實的，應該是線上遊戲軟體了。目前線上遊戲公司以及各大科技公司，都因為現在的疫情，造成數百萬人整日沉浸在線上遊戲中，所以他們更樂意投資發展類似的產品。而線上遊戲軟體就是一個虛擬世界，只是現在已經比當初科幻小說的虛幻世界，更接近人類生活中的現實世界。

　　但其實「元宇宙」也不僅僅是線上遊戲的環境而已，它

的實現不會是只有帶動 AR、VR 等這些硬體產業，還包括軟體，如人工智慧、晶圓代工、社群平台、遊戲、金融等產業，都將扮演關鍵性的角色。尤其是更先進的虛擬世界，需要更快、更有效率、更可靠的移動連接傳輸，第五代行動通訊技術（５G）目前才剛開始逐漸開展，要普及到能夠實現這種虛擬世界的技術要求，還需要一定時間，同時也需要軟體環境的配合。目前，元宇宙還在很早期的階段，如果未來真的能成真的話，大型科技公司將在未來１０年或甚至更久的時間，決定這個趨勢的發展和演變。有興趣投資的人還是需要審慎觀察，等到你覺得比較具體和有信心時，覺得這個趨勢真的成型了才投資。

　　就在臉書更名的前幾天，我才在想「元宇宙」是什麼概念，沒想到臉書就大張旗鼓的共襄盛舉了。我覺得這當然有它的原因，或許元宇宙真的是 Mark Zuckerberg（馬克・祖克柏，臉書創始人）認為的明日之星。但我倒是覺得，因為他是享盡「高科技獨角獸」光環這麼久的人，尤其目前臉書在營運、獲利和政府監管之間頻出狀況，在公司名聲、內規備受挑戰的時候，想辦法給大家或投資大眾一個未來新獨角獸的願景，是一個很好轉移注意力跟拉抬股價的方式。否則他為何這麼早大張旗鼓的宣布呢？而他旗下子公司的確已經有一些 VR 眼鏡、線上虛擬遊戲的產品，但是還沒有大量量產或是上線收費的計劃。所以仍然需要觀察他的進度，是不

是只是畫大餅。

宏達電從２０２１年１０月１５日起漲開始，已經漲超過了一倍（現在是２０２１年１１月５日）。因為它是視覺硬體的製造商，宏達電當年曾是股王，由王雪紅一手創辦，當年 HTC 手機被稱為「台灣之光」。２０１１年股價攻頂攀上１,３００元，２０１３年首度出現虧損，從此股王失色再也沒有回頭了，所以我會對這種有炒作紀錄的公司比較小心。宏達電後來主攻 VR，首款沉浸式 VR 眼鏡— HTC VIVE Flow，已於１１月１日開賣，股價在產品還沒上市前，反應出市場關注的熱度，但一旦真的新產品上市，就必須要讓營收說話，就是到底賣得好不好？市場到底對這個東西有沒有興趣？這才是重點。我記得幾年前去逛夜市時，發現１０年前曾經炒過一波的 VR、AR 硬體裝置，並沒有真的變成人們生活中不可或缺的風潮，反而在夜市和百貨公司裡變成遊戲機的一部分。所以主要還是要看產品是不是真的能轉換成獲利數字。

同時間，我倒是比較贊同 Apple 蘋果 CEO 庫克（執行長 Tim Cook），在接受《時代週刊》專訪時曾表示：「不要講什麼元宇宙，它（元宇宙）就是 AR（擴增實境），各方顯然有不同說法，但我會遠離流行語。」庫克指出，AR 是虛擬世界與現實世界的疊加，這種方式不會分散你對現實世界

的注意，而會加強彼此的關係和合作。AR 技術可增強人與人的對話和學習等等，真正放大此技術對於人們的價值。

BBC（英國廣播公司、全球媒體巨擘之一）說每隔幾年就會出現一些新的熱門概念，關於虛擬世界和增強現實，其實多年前已經炒過一波。但是財力雄厚的投資者和大型科技企業，對元宇宙這個概念，展現了強烈的興趣，如果最終元宇宙成為網際網路的未來，沒有任何人願意落在最後。而且隨著虛擬現實遊戲的技術進步，和網際網路的速度加快，許多人比較願意去相信元宇宙的技術，終於可以慢慢開始成熟，終於有可能實現。

其實過去就已經有不少人在開發試驗，這些虛擬和現實世界互動的環境和技術。舉個有趣的例子，Nissan 日產汽車在２０１９年的國際消費電子展上，希望將汽車的擋風玻璃變成通往虛擬世界的門戶。展示了它所謂的「隱形對可見（I2V invisible-to-visible）」技術，並利用 5 G 的優勢，開始在日本的５G試驗場，用真實的條件進行測試。雖然這個名字聽起來像魔術，但Ｉ２Ｖ只是一種將汽車車載傳感器，和來自雲端的資料信息疊在一起，呈現到駕駛人視野上的一種方法。這就是一種更大規模的增強現實、擴增實境（AR）的應用，或可以說是一種更大但不用戴在頭上的顯示器。

那它能做什麼呢？分享一下使用者的體驗，各位可能比

較有感。Nissan 表示這項技術有許多可能的用途。例如，如果外面下雨，Ｉ２Ｖ可以在車內投射出晴朗天氣時的路況圖像，有利於駕駛，也比較不會驚慌緊張。或駕駛可以打電話給導遊（虛擬或現實的人），來聽取有關他們駕車經過區域的介紹信息。或者也可以請導遊或駕駛教練透過介面（可以不用真人冒生命危險的坐在車上教你），使用虛擬投射，就像對方坐在你的車上身歷其境地教你，幫助提高你的開車技能。汽車還可以使用這個技術，警告開車的人即將發生的危險，例如能見度即將變低，或是路面即將不規則，或者建議替代路線以避開交通擁塞。開車的人還可以連接到 Nissan 所謂的「Metaverse」，這是一個與其他用戶共享的虛擬環境。它可以讓其他在這個虛擬環境的人，以虛擬的 ３Ｄ化身、出現在你的車內和你互動。

如果是像我一樣會開車的人，聽了就覺得好有趣喔！這項技術真的會改變駕駛未來的開車方式。Nissan 希望透過這個技術，將汽車擋風玻璃變成通往虛擬世界的門戶，讓現實和虛擬世界有互動。

Ｉ２Ｖ依賴一個稱為 Omni-Sensing 的系統，作為相關數據的中心，這是 Nvidia 公司的產品，還有它必須依賴高速的 ５Ｇ環境（我們現在開始的 ５Ｇ環境，還是比真正 ５Ｇ的速度低，只能說介於 ４Ｇ～ ５Ｇ中間）。Nissan 的這個系統，組織這些數據，顯示為漂浮在相關對象周圍的圖形，就有點

像在線上遊戲中一樣。事實上，整個平台都是由最初從事線上遊戲業務的 Unity Technologies 開發的。

　　舉這個例子，不是叫大家去投資 Nisan、Nvidia 輝達或 Unity。是要讓大家對所謂的元宇宙，如何實現在日常生活中，有些比較實際的想像；以及它所牽涉的基本層面、產業鏈會在哪裡？當你想要投資一個新趨勢，這是基本該做的功課。要儘量去了解相關的產業和產品，再從其中找出相對成熟、有可能最快看到成長的公司，不然就只能稱為短期投機的決定。但是也沒有說投機不行，只是你必須要盯緊一點，不要當最後一個抬轎，被套牢而賠錢的人喔。

投資 ESG 真的是愛地球嗎？

　　我跟男朋友散步時，聊了在蘇格蘭舉行的２０２１年聯合國氣候變遷大會 ，覺得無力感很重，因為連世界大國都沒有辦法實行他們所承諾的。又聊到我們平常人可以如何做得更好，也聊到了 ESG 永續投資。投資 ESG 真的就是環保跟永續嗎？老實說，我不是那麼清楚，也持有懷疑態度，所以決定研究一下，看是不是可以平衡我的觀點，也和你分享。

　　先來了解一下 ESG 是什麼？ ESG 是３個英文單字的縮寫，分別是環境保護、社會責任和公司治理，聯合國全球契約 UN Global Compact 於２００４年首次提出 ESG 的概念，

被視為評估一間企業經營的指標。我就節錄一下，我看到的
一些國際研究資料，資料來源如附註。

E 代表環保 （Environmental）

企業要如何透過以下各個方面的環保考量，來解決公司
的營運所影響地球環境的部分：

- 氣候變化政策
- 溫室氣體排放
- 碳足跡和碳強度
- 用水和保護、過度捕撈和廢物處理
- 可再生能源的使用
- 回收和處置做法
- 綠色產品、技術和基礎設施
- 鼓勵共用車、公共交通、自行車通勤等員工激勵措施
- 與美國環境保護署 （EPA） 和其他各國環境監管機構之
  間的關係

S 代表與社會責任的關係 （Social）

這個部分涵蓋影響員工、客戶、消費者、供應商，還有
和當地社區之間的問題，包括有：

- 員工待遇和補償
- 員工敬業度和離職率

- 員工培訓和發展
- 員工安全政策和性騷擾預防
- 在招聘、晉升和加薪方面的多樣性和包容性
- 合乎道德的供應鏈採購
- 使命或更高的目標
- 客戶服務表現
- 消費者保護活動，包括訴訟、召回和監管處罰
- 在社會正義問題上的遊說努力和公眾立場

G 代表公司治理（Governance）

治理部分與董事會的獨立性、領導能力有效性和商業道德有關，具體的主題包括：

- 高級主管的薪資、獎金和津貼，以及它們是否與長期公司業務價值貢獻有好的連動關係
- 定義和執行道德商業行為的政策
- 董事會和管理團隊的多元化
- 董事會成員潛在的利益衝突
- 股東提名董事會候選人的能力
- 董事會成員的任期長度是否不同
- 董事長和首席執行官的角色分離
- 董事會投票的決定方式
- 公司是否發行雙重或多重股票

- 股東溝通的透明度
- 股東訴訟的歷史
- 與美國證券交易委員會（SEC）和其他監管機構的關係

　　稍微了解 ESG 的定義之後，那為什麼 ESG 吸引人投資呢？我目前看到的資料大概有幾個原因：

1 ESG 股票降低投資人的風險

　　在任何行業，遇到環境、社會和治理的問題，都會對公司運營和利潤構成嚴重的風險。有幾個比較近期的例子，Motley Fool（美國知名的投資評論平台）說，以下這幾間公司如果積極一些來落實應該實行的 ESG 政策，他們說不定就可以減輕那些沒有實行 ESG 的負面結果了。

- ２０１９年，能源供應商 PG&E 因加州的氣候劇烈變化引發的野火而宣布破產。PG&E 及其同行，原本可以透過積極努力、限制導致全球變暖的碳排放，來降低集體環境風險。（這我倒是覺得有點牽強，或太過理想化了。）
- Tyson Foods 是世界第二大雞肉、牛肉和豬肉加工商和銷售商，每年出口美國牛肉的比例最高。在據稱有 COVID-１９症狀的員工被要求繼續上班後，於２０２０年因過失致死而被起訴。

•富國銀行在２０１６年，消費者金融保護局發現虛假帳戶計劃後，解雇了５，０００名員工。首席執行官約翰‧斯通普夫被迫辭職，同時該銀行失去了商業改善局的認證。

•２０２１年５月，荷蘭法院裁定，荷蘭皇家殼牌公司到２０３０年必須將溫室氣體排放量減少４５％。同一周，埃克森美孚和雪佛龍面臨來自股東的壓力，要求減少公司對氣候變化的貢獻。這些事件很可能會引發這些行業的進一步變革。

講到這裡，你知道其實不少 ESG 永續基金有投資 BP（British Petroleum）英國石油公司嗎？蠻諷刺的吧！我找了資料才明白，BP 在２０２１年３月的時候，做了一個重大聲明，宣布將大幅增加綠色能源的研究預算，並開始削減石油產量（就是說 BP 從石油獲得的部分利潤，轉投入到清潔能源的研究中。），希望在 ２０５０年前，開始將重點的化石燃料轉向綠色能源。但純粹的 ESG 投資者應該永遠都不會想擁有石油公司的股份吧，就算 BP 會有可能成為未來最大的綠色能源公司，不過目前也有一些其他的綠色能源公司的財務表現比它強，而且沒有原來生產石油的包袱。所以這就要看你自己的投資屬性了。

2 關注 ESG 的公司帶來比較高的回報？

越來越多的研究表明，ESG 股票與不以 ESG 為重點的同行相比，除了大跌的風險比較小之外，ESG 股票還會產生更好的財務狀況。

有一家 Arabesque 資產管理新創公司發現， 2 0 1 4 年至 2 0 1 8 年期間，在標準普爾 5 0 0 指數內的公司，ESG 排名前 1 ／ 5 的公司的表現，比排名後 1 ／ 5 的公司高出 2 5 ％ 以上，ESG 公司的股價波動也較小。（我的看法是，只有 4 年的數據，或許還有待更長的時間來證明。但是邏輯上，如果公司平時就有在注意大風險的發生，那相對就比較有準備，發生的機率就比較小，那對股價的影響也就比較小。平均而言，或許相比之下，就叫做「帶來比較高的回報吧」。）

包含 ESG 和永續性的投資組合，也經常發現在長期表現得更好。例如，美國金融資訊服務公司晨星 Morningstar 發現，在 1 0 年的時間裡，有 8 0 ％的混合股票基金、投資在永續性投資項目，他們的表現往往優於傳統的基金。Morningstar 還發現 7 7 ％ 的 ESG 基金存在市場超過 1 0 年，相比之下，傳統基金的存活率只有 4 6 ％。

3 ESG 似乎可以作為公司具有強大領導力的指標

　　為什麼 ESG 公司能表現的更好尚不清楚。一種說法認為，企業能實現 ESG 需要有一定能力的領導階層。ESG 的實行是一個漫長的計劃，領導團隊必須要具備有實現長期成果的能力，還要同時能良好地運作核心業務，而這種能力正是一種競爭優勢。

　　另外就是隨著企業在全球面臨日益複雜的問題，投資者可能會重新評估原先傳統的投資方式。諸如洪水風險和海平面上升、隱私和數據安全、人口變化和監管壓力等全球持續性挑戰，正在為投資者帶來以前可能從未見過的新風險因素。ESG 的資料揭露，幫助投資人更瞭解這些未知的風險。

4 新一代投資者

　　全球千禧一代投資者的興趣，已經推動了 ESG 投資的快速增長。在 2018 年的一項調查中，美銀美林保守地預估，未來 20 年，僅僅在美國註冊的 ESG 基金資產，就會增長 20 兆美元。而且以前較少參與傳統投資的族群（尤其是年輕人和女性）的高度參與，也被認為促成了 ESG 投資熱潮。

5 更多投資者正在尋求支持和促進永續性，並遵守氣候
變化法規等新興法規的企業和金融產品

　　隨著商業界對 ESG 問題採取更多行動，以及 ESG 基金對
傳統市場干擾的抵禦能力逐漸提高，投資人的某些需求（心
理上的、風險上的、財務上的）或許得到了滿足。

　　近年來隨著公司和個人，越來越認識到社會、環境和經
濟問題之間的相互依存關係，ESG 投資在全球顯著成長。
COVID 的流行顯著促進了這一個趨勢。新冠大流行造成的
市場混亂和不確定性，在２０２０年，許多投資人藉由轉向
ESG 基金，希望可以提高他們投資的彈性。２０２０年的前
３個月，全球４５６ 億美元流入了這些基金。目前全球投資
在永續投資基金大約有 ３０.７ 兆美元，預計未來 ２０ 年、
這一數字可能會增至 ５０ 兆美元左右。

　　ESG 投資的這種快速成長，可歸因於一系列的因素。隨
著供應鏈變得越來越複雜，商業界對社會、勞工和人權問題
及風險的認識也越來越廣泛。對氣候變化等環境問題的關注
漸增，也會影響投資人的決策。為了反映這些不斷變化的社
會價值觀和規範，公司實踐前瞻性的 ESG 政策非常重要，如
果他們想在該領域中保持領先，並為所有人的共同利益做出
貢獻。有實行 ESG 的企業較容易得到投資人的認同，得到資
金等等。

　　另外一方面就是，那些對永續投資變化反應遲鈍的公司，會受到越來越多的批評和壓力，不管是員工、上下游業者、政策制定者、股東、投資人，或甚至只是熱心人士。預計企業的法律義務，未來也會因為永續概念的興盛，而將更逐步嚴格規範。

但 ESG 投資也是具有風險的：

1 缺乏通用的 ESG 標準，也難以驗證企業 ESG 資料的準確性

　　評估 ESG 績效沒有一致的標準。這造成了 ESG 投資組合和基金的不一致。例如，你可能會驚訝地發現一些 ESG 基金持有煙草和石油公司的股票。如果你希望確保你投資的 ESG 基金符合你的價值觀，在投資 ESG ETF 或共同基金之前，請花時間了解該基金如何篩選其投資。

　　雖然有第三方來源的資料，可以驗證企業的永續發展，例如：MSCI 有做 ESG 評級，Sustainalytics 也有 ESG 評級等等，但非機構投資人並不容易取得。例如與上下游供應鏈，還有員工的相關資料，更是非常瑣碎，不知從何找起。每個企業都可以自行評估，它最適合達到的目標，和針對特定投資者的偏好，來優化它自己的 ESG 報告。

2 ESG 公司財務表現的長期數據，暫時沒有很實在的研究證據支撐

長期數據表明，ESG 公司並不像人們所想像的那樣具有彈性，或獲利那麼好。如果真的並不如市場臆測的，那麼那些完全專注於投報率的投資人，可能就不會支持投資 ESG 的企業。

3 公司可以隨時停止報告 ESG 的狀況

公司可以隨時停止自願報告公司 ESG 的狀況和數據。問題就在目前還沒有任何一個國家或區域，硬性要求上市上櫃公司，一定要公布企業的永續性資料。雖然美國和歐盟有朝這方面努力，但因為企業的反對聲浪（是，你沒聽錯），目前企業還是可以美化他們自身想公布的資料，來得到他們想得到的 ESG 美名，以贏得更多的資金和支持，但當監管單位想給一定的標準時，部份企業卻是持反對立場的。還有監管機關制定一定的標準也有難題，因為不同產業別及企業大小不同，很難找到一定中立的標準。

其實這 3 個理由是我對 ESG 投資，持保留態度的原因。你覺得呢？ ESG 投資是適合你的嗎？

NFT 好像很瘋啊？我要不要也跳進去呢？

　　最近有個新東西叫 NFT，好像嗨翻天了啊！我自己也很好奇，尤其是我的老東家，向來是國際拍賣業界最保守的公司，居然領先其他競爭者，拍出史上第一的 NFT 藝術品，還拍出驚人的 6 千 9 百萬美金的高價。我們一起來看看什麼是 NFT 吧。

　　前面我們談 Bitcoin 比特幣的時候，有介紹過 Blockchain 區塊鏈的技術。什麼是 NFT ？ NFT 是 Non-fungible Token（非同質化代幣）的簡稱，也是區塊鏈技術的衍伸，與 Fungible Token（同質化代幣）是相對的概念。舉個例子來比喻，同質化代幣就像是一塊錢，每個一塊錢代表的價值是相同的，就像一顆 Bitcoin 虛擬貨幣的價值，等於另一顆 Bitcoin，只有深究編號才有其獨特性，但代表的價值是一樣的。那非同質化的概念，就是非同質化代幣，代表每一個代幣都是獨一無二、不可複製、不可分割的，這一枚 NFT 和另一枚 NFT，基本上是完全不一樣的。

　　所以 NFT 非同質化代幣，可以代表世界上任何獨一無二的事物。因為藉由區塊鏈的技術，每一個 NFT 都擁有一串獨一無二的編號，而且每一次的轉手資訊，都會自動寫入區塊鏈的交易紀錄上，一旦寫入了就無法修改。交易紀錄的透明

化和不可修改等特性，在一定程度上就能避免偽造的出現。也因為它本身防偽的優勢，讓 NFT 深受藝術家及創作者的廣泛喜愛。

所以，什麼樣的東西，在傳統的交易市場上最容易發生仿冒、假造、複製等等的情況？就是奢侈品、藝術品這些物件。所以這也是目前 NFT 市場上發行最多的物件。

在發行 NFT 代幣的合約中，會紀錄著這個代幣的識別訊息，可能僅僅是一串 ID 又或者會標註更多細節的訊息，來證明這個代幣可以代表它所連結的具體資產，這些訊息就如同剛才所提的，紀錄無法被篡改。就是因為這樣獨一無二、不可竄改、不可分割的特性，讓 NFT 天生就具備了能與特定資產掛鉤，來證明資產歸屬的性質。更不用說 NFT 還被廣泛應用在數位證書、身份認證、域名等各種行業領域。

近來，國外出現第一個推特貼文、NBA 明星們的灌籃影片，甚至其網際網路的原始碼，都以 NFT 的形式出售。台灣包括了周杰倫、江振誠，甚至鹹酥雞，都出了相關的 NFT，也都造成了不少話題。DappRadar（加密數據網站）的數據顯示，２０２１年６到９月間，NFT 交易額將近１１０億美元，是前４個月的８倍。從２０２１年３月，英國佳士得拍賣（Christie's）以驚人高價６９００萬美元，售出一項 NFT 數位藝術品後，NFT 就突然變高調了。大家都好奇為什麼會有人要在上面豪砸數千萬美元呢？因為 NFT 似乎可以解決

一個數位藝術品交易的棘手問題—就是「如何保證你擁有的是，真正獨一無二的原始版本」的這個問題。

所以 NFT 可以確保這個資產的真實性，這是無庸置疑的，因此就比較不用擔心盜版打壓了真實品的價值。另外 NFT 因為交易紀錄透明，所以不會有所有權需要被證明的爭議，由擁有這個資產的持有人，去交易或轉讓所有權。一旦轉讓，交易細節就被寫入紀錄中。

現在的 NFT 熱門現象，其實背後也有不少問題。第一個，NFT 的本身通常是用虛擬貨幣交易，大多是用以太幣，因為他們放在同類型的以太鏈上。所以持有虛擬貨幣的風險還不夠大，一般想買 NFT 的人，必須要先持有虛擬貨幣後，才能在 NFT 的平台上交易。光是虛擬貨幣本身的價值波動就很大了，NFT 的價值建構在虛擬貨幣的價值之上，而且還要取決於 NFT 本身是不是有值得那個價值，所以波動的幅度，比單純持有虛擬貨幣還要高好幾倍的風險啊。所以很多人，包括佳士得拍出作品的數位藝術家 Beeple，在他破紀錄拍賣的前一天，告訴 BBC 說：「老實說，我確實認為 NFT 會泡沫化，而且我認為我們現在可能就處於那個泡沫中。」

雖然說拿別人的作品來鑄造 NFT 可能會侵犯著作權，但是因為 NFT 是基於區塊鏈的技術，有去中心化的本質在，所以任何人都可以鑄造任何形式的 NFT。雖然說每個 NFT 都

是獨一無二的,但是每個人對所謂的「獨一無二」,也會賦予自己覺得值得的價值。如果今天,有兩個獨一無二的東西讓我選,一個是 Hermès 愛馬仕的包,另一個是周杰倫品牌的 NFT 小熊,我說不定還是會選 Hermès 的包。因為我對周杰倫品牌沒什麼感覺,但我對 Hermès 這個牌子比較有感,當然賦予的價值就很不一樣了。所以 NFT 其實和我們之前在拍賣界對有興趣的客人的說法是一樣的,如果你是把它當成純投資,要知道這是高風險的投資,因為你覺得獨一無二的價值,不一定等於別人所認為的價值。白話說就是你覺得值得這個錢,別人不一定覺得值得。但是如果你是把擁有這件物品,當成自己鍾愛的收藏,那角度就很不一樣了。

目前已經有藝術家跳出來表示,自己的作品被不當使用鑄造成 NFT 了。網路世界不斷進步,我們這幾年已經應證了,世界變得比我們認知的還快,不知道在不久的將來,NFT 具備的特色和優勢,是不是會被其他的技術突破呢?

我在前面談到 Bitcoin 是否值得投資的時候,有談到實際持有虛擬貨幣的程序上,各個部分隱含的風險,例如要有自己的電子錢包,要透過虛擬貨幣的交易所交易等等。投資 NFT 就更不可能避掉要持有虛擬貨幣的風險,因為你必須要用自己持有的虛擬貨幣,去交易你想要的 NFT。購買 NFT 並不是透過一個特定網站,而是有各個不同的平台去交易,這樣就又有個人資料安全的問題。交易完如何妥善保管你的

密碼，避免被別人盜走等等（持有虛擬貨幣也有同樣的問題啊）。

總之，為什麼 NFT 這個風潮會延燒呢？由於之前約２０年左右，有一波所謂的「New Money 新財富」的崛起，新財富因為科技日新月異，有很多人趁著不同的風潮崛起而白手起家致富的。相對的也對新的投資（或高風險的投資）更有興趣，因為他們的致富，也應證了高風險給他們帶來豐厚的報酬。而「Old Money 舊財富」通常指的是，由傳統產業或者因繼承而致富的人，對於投資的心態也比較保守一些。尤其這個世紀新興國家崛起，也創造了非常多的新財富，而且這群人普遍年紀還輕，他們願意持續尋找新的投資管道，想要更進一步增長他們的財富。還有繼承「Old Money 舊財富」的下一代，也前仆後繼地想要進入新的市場，用新的投資來創造自己的財富。所以近１０年，現代藝術、奢侈品價格高漲，吸引不少資金持續流入這些市場。

虛擬貨幣與 NFT，這些建構在區塊鏈新科技上的東西，似乎就是這世紀目前最新的潮流。相關的產業都有可能帶來新的機會。但是我必須承認，我向來不是領先潮流的人，是屬於「後知後覺」的人，我對於非常新穎的投資項目也會比較小心，除非我有做好功課，找到有大趨勢成長的理由，我才會願意投入。這種新技術的投資，很容易大起大落、瞬間崩塌。尤其是一個新市場的開始，一開始一定會有幾筆大品

牌或有名的交易，鼓動人們投入。

　　我也會特別小心的去追蹤這幾筆交易的後續狀況。例如佳士得的那筆數位藝術品拍賣，買家是一位早期就開始投資虛擬貨幣而致富的年輕人，他也老實說了，他不一定是為了藝術本身買這個 NFT，他不後悔買了許多人所說的，只是一般的 JPEG 檔案或一個超鏈接，而支付了６９００萬美元。他認為這個不可替代的交易，代表了 NFT 的興起，預示著一個新時代的到來，有數位藝術市場的突破意義，才不顧價錢購買的。所以除非你也找到這樣帶著如此特別價值的物件，用以收藏和投資才有意義。他也說沒有出售這個 NFT 的計劃，但他暗示，他可能會透過提供作品，或在虛擬博物館中展示它，來找到活化資產的方法。

　　說了這麼多，NFT 的確能避免我們現實世界裡會遇到的一些問題，但同時也造成了新的問題。但是這個風潮剛崛起，許多願意冒險的創作者和收藏家，現在正忙著靠 NFT 賺錢，還沒空理會這麼多。如果沒有在第一波就投入的話，後面的風險又會更大，至少以我現在退休的狀態，我會持續關注這個新市場，或如果我想投資，也只會撥一小部分的資金來試試。你呢？

成長股投資

投資高成長股的基本觀念

很多人問我，若要達成財富自由的目標，投資的報酬率要很高，他們需要找到高成長的投資標的，才有可能達到這樣的報酬率，但是不知道該怎麼開始。該怎麼跨出第一步呢？

我們先來看看什麼樣的人，適合投資高成長股吧。願意投資高成長股的人有一些特色，會直接買高成長股而不做指數投資，是希望他的投資報酬率，要高於指數或市場的平均回報率（前面提過全球股票指數或 S&P ５００的４０年平均報酬率是將近１０％）。所以如果１０％對你就足夠了，我會建議你，做好你的指數投資就可以了，要不然真的會浪費許多時間和精神在研究股票。首先我要強調的是，每個人適合的投資方法都不一樣，因為我們的個性、成長過程不同，頭腦運作和人生經歷也不同，所以沒有單一的投資方法是最適合大家的。

但還是有一定的步驟，是大家都可以開始做的，熟練了之後，你可以再依照自己想要的去調整。通常會選擇投資高

成長股的人，是因為對公司營運、產業變化本來就有興趣了，也剛好是投資高成長股的投資人一定要做的基本功課。要願意做功課的人，投資高成長股才會比較成功。沒有興趣的人，除非你有很大的覺悟，清楚做功課是很重要的事，不然最好不要開始，因為容易賠錢。有一些不同商品投資經驗的人會比較適合，因為比較有投資底子，可以經歷高成長股的起起伏伏。

新手想要開始學習投資高成長股，我的建議是可以從小部分資金開始練習，並持續印證你的投資方式對不對，其他的投資資金先做指數化投資。那為什麼建議先做指數化投資的原因，是因為至少在你還在摸索的階段，你還有市場給你的平均回報，不會只是把錢存著使價值變小。而且你已經開始投資了，你對市場的脈動也會更有感覺。

你可以先用１０～２０％的可投資資產，拿來做高成長股投資的練習，５０％或以上的可投資資金做指數化投資。在學習新的投資方法，大約需要一到兩年的時間，來印證成效好不好跟適不適合你。所以假如你想嘗試的話，可以開始用可投資資金的一部份來嘗試和練習，這樣你才有辦法正確選擇適合你的投資方法，和持續優化你的方法。市場上從事高成長股投資超過十幾年的投資人，也是一直不斷在精進和優化他們的方法。

　　如果你願意花時間和精力學習，找出高成長的投資標的。對非專職投資人來說，總是希望你的時間可以花在刀口上。所以第一步就是先挑選一個大方向，可以省下你不少的時間。挑選一個大方向有不同的方式，你可以根據你的興趣、知識、經驗背景，來發掘會有成長潛力的趨勢。例如：你如果覺得 Metaverse 元宇宙是剛開始起頭的大趨勢，你有興趣研究。或者你是電子業出身或是工程師，那你或許會有較高的優勢，來研究軟體業、電子業或半導體業。

　　我 3、4 年前教導的一個學員，她不是理工出身，也沒有技術背景，公司是做大型電子業的會展，她的客戶都是電子業的公司。那時我們一起做成長股的挑選，因為她看不懂財報數字，所以我建議從她的相關經驗開始，至少她每天看得到、碰得到，也會比較有感，也比較容易驗證自己的看法，和優化選股的方式。我們釐清了在電子業當中，她覺得半導體業有不錯的成長前景，她挑了幾家公司開始練習，其中台積電是她的主要持股部位。

　　那時台積電２００多元，已經不是很便宜的公司了（要記得，高成長的股票，不會像投資價值股一樣，不是找到便宜的價格買，尤其又是產業龍頭，因為有技術或市場的優勢，相對股價也會反應出來），但是我這個學員的確有照我要求的，找出至少３～５個她認為具高成長潛力，並值得投資台積電的理由。後來台積電在２００多元盤旋了一陣子，然後

就很快漲到最多６００多元，我記得那時她還有聯絡我，問我要不要賣掉。我的建議是，如果她找得出公司還是可以維持高速成長的理由，那就留著。如果她照我們之前的步驟評估，沒有那麼確定的話，我會建議她先減碼一些。或是她有找到下一個高成長的標的的話，她也可以考慮轉換投資。

所以在你選好大方向後，接下來要在你挑選的產業裡，開始篩選你想要的標的。篩選的條件其實五花八門，只要你覺得是你想要的，符合你想要的搜尋條件，就抓進你設定的條件裡跑跑看，網路上有許多免費的股票篩選器可以選擇。台股的話，我常用財報狗、鉅亨網，美股的選擇就更多了。常用的篩選條件例如：PE < XX、ROE[註] > XX、營收成長率 > XX（XX 是你自己主觀去設定的數字），每股盈餘成長率等等。還有些條件，是這些股票篩選器已經設好，讓你再依照你想要的標準去調整就可以的。

（註：ROE — Return On Equity，中文稱股東權益報酬率、股權收益率、股本收益率，是一種衡量公司經營效率的財務指標，很多基本面投資人在分析公司是否值得投資時都會使用。）

以你設定的條件去篩選，看看篩選出來的公司是哪些，若結果不如預期，沒有公司符合你的條件，或太多公司符合你的條件，就調整你的條件再試看看。得到的結果也要再經過你的評估，例如公司的營運獲利模式，相較競爭者是不是有絕對優勢等等，尤其是現在的高成長公司的商業模式，比

起以前發生了很大的變化。有一些我目前投資的公司,他們
的商業模式以前根本不存在,是最近幾年才出現。

　　從你決定開始學習高成長股票投資,一路都是不斷的學
習與調整,印證你的想法對不對。如果你想了解別人怎麼投
資,有許多論壇或部落格,分享他們的想法和邏輯,例如美
股軍師、不誤正業 R、Saul、ieobserve,有些需要訂閱、有些
不用,有些是英文、有些是中文。他們的投資邏輯不一定適
合你,但是我覺得他們的投資論點,跟一些財報數字的解讀,
具有一定的水準。多看一些投資成長股的人的想法和論點,
可以幫助你形成自己的投資論點!

　　另外我要強調一點,聽來的消息、明牌,都不算是做功
課。做功課指的是,你要找出證據或資料可以 back up(支持)
這個消息,想辦法去應證這個消息的真假,這才是做功課。
做功課可以增加你投資的勝算,盲目的聽信消息,你就是拿
你的辛苦錢在開玩笑啊!

　　在你開始跨出高成長股投資之前,除了研究你有興趣的
產業,廣泛學習並參考其他相似投資者的邏輯、看法外,如
果你挑選了產業,但還不是很有信心挑選個股,或你覺得需
要多一些時間做基本的功課,有一個折衷的方式,你可以考
慮先投資那個產業的 ETF。讓你自己可以儘快開始印證,你
挑的產業對不對。Get your skin in the game(skin in the game

是切膚之痛，所以是指親身參與才會有感），實際操作後你才會更有感覺。但是我要強調一點，沒有人是永遠準備完善才開始投資個股的，只要你的想法清楚，投資這家公司的理由夠堅固，你就應該開始實際投資，這樣你才更有感覺，學得更快。跟大家分享投資高成長股的大概步驟，幫助你們對這投資方法更清楚。

如何投資高成長股？

前面分享了開始投資高成長股，該有的基本策略及觀念，那接下來該怎麼做呢？

我們來運用前面談到的 5 個財報數字，用這些數字開始做一個初始的搜尋，先試試看篩選出來的高成長股為何？然後考量產業面、基本面來做出進一步的篩選。

開始做篩選之前，我們先來聊聊產業面，有人會在開始篩選之前，先選定他們想投資的高成長產業，這些人通常對各產業的概況和營運模式還蠻清楚的。舉個例子，知名的成長股投資部落客 Saul 就談過，他事先會考慮具有經濟護城河能力的公司（就是公司相對於其競爭對手有明顯的優勢，可以保護自己的市場占比和盈利能力。它通常是一種難以模仿或複製的優勢，例如擁有特定的品牌價值和特殊專利。因此

對來自其他公司的競爭,形成了有效的高障礙)。或是這個公司有潛力成為一個未來的大趨勢。

Saul 想要找到的成長投資對象,是做一些特別事情的公司,打破規則的公司,而不是只生產商品的公司。除了有絕對優勢之外,還有幾個特點是他尋找的,例如高毛利和重複性的收入(能夠在今年重複去年的收入,而不需要重新對既有的客戶再次出售產品來獲得營收。所以 Saul 拿 SaaS 軟體服務類的公司來做一個比喻。因為公司可以透過不斷的軟體升級服務,來得到重複性的收入)。提醒大家一下,這樣的條件或許適合篩選美股,卻未必適合篩選台股,畢竟台股以製造業為多數。所以你篩選的條件,也要根據你選的市場不同而有所調整喔。

他很清楚要找的是什麼樣的公司,但如果你不清楚呢?其實我也不是頭腦那麼清楚的人。若知道你要找什麼樣公司的人,可以先設定條件來篩選你的產業或公司商業模式。如果不是那麼清楚的人,可以先用一些財報、股價數字,做一些基本的篩選,然後再來調整。我們來用前面談過的「新手投資人必須知道的5個重要數字」做例子吧。而你篩選的方法,當然可以不止用這5個數字。作為一個新手投資人想投資成長股,這可以作為一個簡單的入門練習,一起試試吧!

前面我們談過5個數字,分別是營業收入、毛利、淨利、

EPS、P ／ E，但這些都是絕對數字，如果想做篩選或跨公司比較的話，用標準化過的數字才可以看出高低。所以我們要用比率的數字，就是營收成長率、毛利率、淨利率、EPS 成長率。而 P ／ E 可以用來判斷股價是高或低，或者適不適合買進賣出的考量之一。

現在網路上有不少股票篩選器可以使用，因為大部份是免費版本，所以有時候會有一些限制。那要開始設定篩選的條件，也許你會問，什麼樣的指標要設什麼數值去篩選呢？其實這要看你篩選的市場特性，每個人的喜好和價值認定了。

舉個例子，如果我以 4 個條件同時下去篩選台股，就是
（一年，二年，三年，五年）營收成長率＞２０％，
（一年，二年，三年，五年）毛利率＞３０％，
（一年，二年，三年，五年）淨利率＞１５％，
（一年，二年，三年，五年）EPS 成長率＞２０％
微調標準，篩選出來的結果只有５家公司。
如果我稍微微調一下，就是
（一年，二年，三年，五年）營收成長率＞１０％，
（一年，二年，三年，五年）毛利率＞２０％，
（一年，二年，三年，五年）淨利率＞１０％，
（一年，二年，三年，五年）EPS 成長率＞２０％

微調標準，篩選出來的結果就有２１家公司。

如果我再稍微微調一下，就是

（一年，二年，三年）營收成長率 > ２０％，

（一年，二年，三年）毛利率 > ２０％，

（一年，二年，三年）淨利率 > ２０％，

（一年，二年，三年）EPS 成長率 > ２０％

微調標準，篩選出來的結果就有９家公司。

　　幾次微調之後，你可以審視一下不同的結果，來決定下一步。重點是以你想要的條件，找出一群股票是你可以再進一步追蹤的，或者是再進一步做研究的。不是這樣篩選出來的股票就直接去投資了，千萬不要以為找出來的就是明牌了，那就大錯特錯了！這個篩選出來的結果只是個開始，幫助你聚焦在基本條件符合你想要的成長股公司們。當然條件、數值你可以自己調整，用你覺得重要的條件去篩選，絕對不限於我提的５個數字。

　　找出來的公司，你就可以先審視過他們所屬的產業，有沒有你感興趣的護城河公司。找出產業面有優勢的公司，再進一步檢視他們的歷年或歷季以來的一些數據。尤其是一些成長率相關的重要數字，是不是真的每年或每季可以持續向上成長，或至少維持在你要的成長速度，且沒有停滯的現象。

你不可能準確預測公司的未來盈餘，但至少你可以知道經營階層是不是有計劃提高盈餘，而且是不是有執行？是不是有成效？定期檢視公司的成長狀況，確認經營階層的計劃是否持續有效。《成長股投資之父普萊斯》曾說：「在投資之前，要親自徹底研究，並投資快速成長的產業和長期持有股票，專注投資在一些傑出的公司。」所以要投資成長股，的確需要一定程度的研究和追蹤。

　　如果產業面、基本面都有達到你的要求，接下來就要持續追蹤，不只是要追蹤基本面，是不是有持續達到你的要求，也要持續了解股價的動向。因為當你找到你有興趣的成長股標的，有可能當時的股價太高而買不下手。如果你等了一陣子，還是沒有你覺得適合的買點，我會建議你先買一點放著。因為一旦你建立了一點部位，你對這家公司的敏感度就會不一樣了。

　　要提醒大家的是，成長股的股價有一些特性。尤其是因為這些公司有所謂的護城河優勢，讓他們跟競爭對手相比有極大的優勢，所以股價通常會比較高，換句話說就是 P ／ E 值不會太低，因為投資人願意因這些高優勢，而付出比較高的股價。通常這些龍頭成長股的 P ／ E，還會被非理性的因素更往上推升，因為當人們發現這是這麼重要的指標股，會有 FOMO（Fear of Missing Out）就是沒跟上車的恐懼，這會

把股價再往上推，Ｐ／Ｅ就更高了。但大家要知道，Ｐ／Ｅ值不是唯一判斷股價高低的指標，但是是個很基本的指標，所以我們在這裡用Ｐ／Ｅ做練習。

只單看一家公司的Ｐ／Ｅ數字本身意義不大，重點是要看這個數字的趨勢變化，找出這家公司現在的Ｐ／Ｅ後，我接下來會這樣做：

1.　先跟同產業的公司做比較，了解這家高成長公司，在這個產業中是否一直保有它的地位？是該產業的龍頭？龍尾？還是中間？但這個比較會因各公司的特性、規模和優缺點不同，而會有不同的 PE 狀況。重點不是看公司排名第幾位，而是了解這個產業的 PE 範圍大概在哪裡，以及你挑選的公司在整個產業中，是不是可以保持它的龍頭地位，會不會很快有什麼大的變動。通常龍頭公司因為有優勢，所以Ｐ／Ｅ會是同業中較高的。

2.　我會再把這家公司的Ｐ／Ｅ和它歷史的Ｐ／Ｅ做比較，看看是不是處於歷史的低檔，如果是的話，有兩種可能的情況：

• 公司基本面或產業面的前景或許沒有那麼樂觀，所以市場不願意再給這家公司更高的股價（或是）Ｐ／Ｅ（以目

前每股盈餘 EPS 不變的狀況下），所以這家公司的 P ／ E 可能就再也上不去了。

• 這家公司的 P ／ E 或許真的在歷史低檔，而且經過你的資料搜集、研究判斷，認為未來前景或許明朗樂觀，那你就是找到一個好的買點。但如果公司前景不明朗，你就不要去承擔這個未知的風險了。

上市櫃的每一家公司，你都可以去找到它的「本益比河流圖」，來看看這家公司的歷史 P ／ E 狀況。我通常都看至少１０年的資料，比較可以看到清楚的模式出現，也好做客觀的判斷。通常這些公司的資料，在一些股票研究網站或是你的股票交易平台都可以找到。

今天把一個最簡單的成長股篩選和研究的步驟，和大家分享，其實還有不少方法和指標。我們以一個投資新手的角度先來瞭解一下，親自做看看，你會越做越有興趣喔！

 股息投資

開始存股好嗎？

最近有不少人決定要開始學習投資理財，這當然是好

事，前兩天和一位年輕人聊天，她也提出了這個問題：「姊姊，我也想要開始存股，你覺得如何呢？」

我就問她，你想存股是為了什麼呢？她愣住了，顯然沒有想過這個問題。那也沒關係，有投資理財的想法絕對是好事！只是若要做的好，最好有一個明確動機會比較好，不然就要邊走邊調整囉。

首先「存股」這個詞，只是一個動作，表示「累積股票部位」。除此之外，她並沒有說做這個動作是為了什麼。所以我就追問了一個問題：「你是為了股息才存股的嗎？」因為坊間提到「存股」這件事，大多是鼓吹股息投資，最常聽到一年股利上百萬的這種傳奇故事，來吸引想投資的人。所以「存股」不知道為什麼就變成了「股息投資」這種方式的代名詞。

果然她回答說：「是啊！因為我現在工作的薪水，就等於是存下來的，放著也是放著，老公賺的錢就是日常家裡的開支，所以想要開始理財了，不然放著也是放著。」我稍微問一下他們的收入狀況，還有往年繳稅的狀況。雖然沒有仔細細算，但心裡知道這對年輕夫婦的收入不是非常高、但也不算低，這麼年輕做股息投資，其實不一定是最好的投資策略，其實這也值得不少年輕的中產階級可以思考一下。

因為，股息投資要優先考慮的是稅務的影響，而且稅務

跟你的總收入有一定的相關性，要先知道股利相關的稅務規定，主要有兩種稅金要考慮：

1 只要單筆股息金額大於 2 萬，就要繳 2.11% 的二代健保補充保費

台灣政府規定，在你收到任何一筆的現金股利[註]時，只要單筆 ≥ 2 萬（含）以上，需扣繳二代健保補充保費 2.11%（會直接先從現金股利中預扣）；若單筆 < 2 萬則不用扣繳。

若投資人領到 2,000 股以上的股票股利，也需要扣繳二代健保補充保費。計算方式為：2,000 股 × 面額 10 元 × 2.11% ＝ 422 元，代表需扣繳 422 元的補充保費，這個費用是用面額 10 元計算，所以和股價的高低是沒有關係的。

（資料來源:https://rich01.com/dividend-insurance-tax-2/）（註：「現金股利」是企業把賺得的盈餘、用現金的方式發放給股東；「股票股利」則是用股票的方式分配給股東，收到 2 千股、以最低面額 10 元計算，雖沒有金錢進帳、但相當於獲利仍是 2 萬，所以要收二代健保補充保費。）

2 綜合所得稅部份，股利計稅分成兩種：

分為分開計稅與合併計稅，兩種計稅方式除了計算公式不同，稅率也不太一樣。合併計稅是將股利所得與其他總所得合計後，算出應納稅額，再扣除股利的 8.5％，就等於實際要繳納的稅金。而分開計稅則是總所得的應納稅額，加上股利的 28％，等於實際應繳納的稅金。這裡要注意，合併計稅的 8.5％抵扣額度，最高只有 8 萬元。如果你是用美股平台存股，股利所得也是會先被預扣 30％的稅，之後才會進你的戶頭。

另外，如果你還年輕，綜合所得收入不多，或許一開始做股利投資是相對划算的。但是我們的收入會隨著職業生涯成長，這時候你得到的股利與要扣繳的稅賦，只會更重不會更輕，這是你要考慮和規劃的。

老實說，即使我這種退休快 10 年的人，都不一定只仰賴股息投資，因為稅務的影響，還有稅制常不停地更改，讓我覺得要隨時留意蠻麻煩的。而且股利投資 10 年，真的不如穩健的全球股票投資佈局。

這是為什麼我對一般大家在談的存股（就是完全做股息投資），有點不是很所以然的感覺。尤其是年紀尚輕，更是要找出風險和回報的平衡點，其實越年輕越可承受較高的風

險，因為還可以透過工作賺回來，職業生涯的成長可期，反而不應該從事太過保守的投資。

但是如果今天你告訴我，存股是因為想累積股票資產，長期參與市場的成長，我絕對是拍手叫好，因為表示你的確很有想法，這是好的開始，而且是正在前往致富的路上。只是如果你對股票投資完全沒經驗而卻步，我倒是覺得你可以先從簡單的投資開始，也不要承擔「沒有投資」的風險。沒錯！「沒有投資」也是一種風險，錯過財富累積成長的機會，尤其在通貨膨脹日益嚴重的時期。

你如果存股是因為想累積股票資產，長期參與市場，最簡單的方法，是先從一個簡單的全球股票資產配置開始。為什麼這麼做呢？因為全球股市過往４０年的平均報酬率是每年將近１０％。所以長期持有這個全球部位，相似於全球股市投資部位的話，就已經可以幫助你達成將近每年平均１０％的報酬率。**重點是長期持有，以時間換取空間。**

一開始可以先以你想投入的金額，做美國、歐洲、亞洲的３個不同的 ETF，以５：３：２的比例投資，作為你開始的佈局。如果妳有１０萬想投入，就是５萬買美國 ETF，３萬買歐洲 ETF，２萬買亞洲 ETF。（可以參考前面「只有５萬或１０萬元，能開始投資嗎？」裡面的細節）買了以後，請有事沒事就要關心一下全球財經新聞，更重要的是，別忘了

大概一年 rebalance（部位再平衡）一次，回歸當初的比例。
往後若你有錢還想再投入，可依據你的理財知識成長的程
度，考慮以下兩個方向。

　　第一，如果你覺得自己有所成長，對高成長產業有一些
感覺和見解，你可以投資特定產業的 ETF。我覺得這個並不
難，高成長產業每天都有人在鑽研與分享，只要你財經新聞
的閱讀量有多一點，你大多都會清楚近年的高成長產業是什
麼，但請記得要留意的是「中長期」有成長潛力的產業。因
為看短期就太投機了，我都會找至少３～５年，甚至１０年
以上擁有成長潛力的產業，然後先投資那個產業的 ETF。而
且要知道，你永遠不會是那個買在最低點、賣在最高點的人。
買了之後，就要更留心那個產業的走向，如果有發現一些產
業衰退的訊號，再來重新評估是否要繼續持有投資。

　　另一個方向是，如果你有興趣投資高成長的個股，就要
更早開始累積你的股票投資知識和對市場的觀察，儘早開始
練習投資單一的股票，慢慢的少量開始累積投資經驗！

存股領股息，就能致富嗎？

　　近年來，有不少存股達人分享，只買一支特定股票，持
續買進不賣出，靠著領股息得到財富自由。別人的成功經驗

聽聽不錯,但已經是過往經驗了,市場已經是今非昔比了,你無法完全複製別人的成功經驗,因為他們提到的那檔股票,已經不是當時的狀況,也不是當初的價位。但如果你真想像他們一樣靠股息致富,你能怎麼做呢?

除權、除息,是上市公司對股東分紅的一種方式,意思就是分配股利,「除權」是指分配股票股利,「除息」是指分配現金股利,習慣上將兩者統稱為除權息。現在台股多數公司都是以配發現金股利為主,也就是只有除息。不管除權或除息,對股東來說都是一種收入,所以相對也要有稅務方面的考量。

1 了解除權息對你的稅務影響

我們前面「開始存股好嗎?」已經有討論過除權息對你的稅務影響。以繳交二代健保補充保費 2．1 1％這點來說,只買一支股票,你的二代健保費用絕對要繳很多。就算你是分批購入,配發股利時,是以你除息日那一天當下,你擁有多少張那家公司的股票作為結算的總數,與分批購入是無關的,所以或許多分散幾家公司來存股會比較好。還要再加上綜合所得稅的考量,重點是務求不要讓股息增加你稅務負擔,不要因為多了股息收入,卻又要花費在繳稅金上,最後也是瘦了你的荷包啊!

2 找到你想要持續配發高股息的公司

　　每年的６月至９月，是台股的除權息旺季，投資人只要在除權息日的前一天，買進股票或持有股票，都可以參與除權息，領取你想要的「現金股利」或「股票股利」。基本上你要看懂「殖利率」這個詞，殖利率是一個百分比（％）。

殖利率＝（每一股配發的）股利／目前的股價

　　股價是會隨時變動的。所以當下的殖利率，必須以當下的股價為基準。舉例來說，如果一家公司宣布每股配５元股息，宣布當下的股價為５０元，那當下的殖利率就是１０％，如果大家聽到了都去買，股價漲到了７５元，那到時的殖利率就變成了６.７％。所以你買股的時間點，對你實際領到的股息殖利率也很重要。

　　２０２１年５月時，配發２０２０年的股息，幾個相關數字給大家參考一下。２０２１年現金殖利率突破７％的就有超過７０檔個股，其中連續１０年發放股利的超過４０檔個股。那今年２０２２年，台股２０２１年表現亮麗，市場預期明年平均殖利率可望破４％，所以不少存股族已經開始找尋高殖利率標的，但殖利率要多高呢？越高越好嗎？

3 「穩定」、「持續」才是重點

這就是關鍵所在了，投資人選股不能光挑殖利率高的，首要重點是觀察這間公司，是否能夠每年穩定配息呢？畢竟你想要長期持有並享受穩定的配息。所以我會建議，最好至少5年或是10年都有連續配息，而且配息的殖利率，在你想要的範圍內！不要有時候配得很少，有時候又配得很多，相對來說較不穩定。意味著要挑選的公司，是在本業和基本面都要相當穩健。「穩定」、「持續」是最重要的兩個重點，而不是最高配息率喔！通常會突然出現高配息的公司，可能是當年度有一筆業外的收入，所以很有可能明年就不會有這樣的獲利，來分配給股東了。所以「穩定」和「持續」是最最最重要的。

4 要能夠儘早順利填息

另外要再觀察的重點，是這支股票要能夠順利填息，且不能拖太久。「填息」是指個股除權息之後，回到除權息前的價格。這中間花費的時間，就稱之為「填息天數」。舉個例子，一家公司除息日前一天的收盤價是100元，依照之前公司宣布的每股配5元，所以除息日當天開盤價就變成95元，之後股價每天隨著市場上上下下，一直到股價回到

１００元，這就叫做「填息」。

如果花了２０天才回到１００元，那它的「填息天數」就是２０天。所以越快可以填息，對投資人來說才是真正的分紅，因為如果股價一直沒有回到除息前的１００元，例如股價一直停留在９７元上下，因為你雖然拿到了５元的配息，股價卻賠了３元，所以你真正賺到的只有２元。就變成拿股價來配息，你只是從自己的股價口袋、轉到配息口袋而已，不是真正由公司配給你的紅利，反而淪落到「賺股息、賠價差」的命運。要先了解這些重點，因為這才是投資高殖利率股的重要法則。

前面有提到，你持有的股票的成本，和你的殖利率有很大的關係。所以如果你找到你想要的穩定、持續配息，又相對填息合理的個股，請你有耐心的等待，因為有這些特點的公司，不會一夕之間改變，因為這些條件也需要時間的累積。高配息股票的特性是，因為他們穩定配息的特性，所以多半不是需要高投資額度的高成長股，因此在股票大漲的時候，他們也不會漲很快。然而在市場大跌的時候，這些高配息股票也不會跌太深，因為他們固定長期給股東分紅的特性。而當你找到你想投資的公司後，從他們今年除權息到明年之間還有一年的時間，希望你可以有耐心地尋找到進場的投資點。

美股投資

　　美股投資好嗎？為什麼考慮要做美股投資呢？好像大家都在做美股，我也適合美股投資嗎？要怎麼知道我適不適合呢？

　　先跟大家分享一下我是如何開始投資美股的。一開始我決定開美股帳戶，是因為要做 ETF 的全球資產配置，所以在 Firstrade 網站開戶及投資。因為如果要做我想要的全球資產配置，台灣上市的 ETF 不能滿足我想要的多樣化，當然我也能折衷一下、不要要求太多，但是交易成本和管理費的成本上，在台灣買美股一定划不來。

　　我也有考慮過開台股的複委託帳戶（買美股或美國 ETF）。其實我之前因為投資國外特定股票，所以曾經開過，也知道複委託帳戶的收費蠻高的。因為國內券商必須透過國外券商，才能提供美股買賣的服務。就像原本是台灣果菜市場的大盤，因為有大量採購，所以享有手續費的優勢，但到了國外市場，你沒有量的優勢，當然費用就貴啦，可能只能拿到中盤的價格。所以複委託的手續費一直居高不下，如果

你不經常交易就還好。但我的全球資產配置，會因為隨時有錢就會存入買進，並且每年還會做比重再平衡，所以也不適合我的需求。

既然美國股市是全球 ETF 最大的市場，量能動力最大，同類型的 ETF 選擇眾多。所以再三考慮之後，我還是決定在美股平台開戶。這是我投資美股的開始，你也先思考一下自己的需求，是不是一定需要在美股平台開戶呢？

我剛開始的確是為了 ETF 的全球資產配置，而開始使用美股平台的，後來發現，這個帳戶也可以投資美國的個股，還有各種成長產業的 ETF。

我們先從報酬率來看台股和美股的差別。很多人曾經問過我，美股為什麼要用標準普爾 S&P ５００而不用 Dow Jones（道瓊）指數做指標呢？標準普爾５００指數（S&P ５００）是確定美國整體經濟狀況的最常用基準。道瓊工業平均指數（DJIA）曾經是衡量美國經濟健康狀況的主要指標，但因為它只包含了３０家公司，並且所代表的行業還受到許多限制，所以隨著市場不斷成長，標準普爾５００指數涵蓋的範圍更廣，已成為領先的股票指數。許多基金會將自己的年度表現與標準普爾５００指數比較，看看自己是不是表現得比大盤好，如果是，表示他們有達到超過指數的報酬。

標準普爾５００指數在很大程度上，被認為是美國股市

的重要基準指數，關鍵在該指數由橫跨多個行業的５００家大型股公司組成，如同表現了美國企業經濟的脈搏。但是，僅限於大型股，所以還是錯過了構成大部分經濟體的大量中小型股。另外，標準普爾５００指數的計算方法，是用市值加權的方法，而道瓊指數是直接平均公司數。因為這標準，普爾５００指數依照不同的公司和市值，給予不同比例的權重，所以更能如實的反應公司市值大小對市場的影響。

我們來比較標準普爾５００指數和台灣加權指數的歷年來的表現吧！標準普爾５００指數從 1957 年才開始記錄，台灣股市從１９９８年才正式開始。標準普爾５００指數從開始以來，成長率已經累積了超過百分之一萬；僅有８１％。兩者雖然只差了將近３０年的時間，但是台灣的股市表現就比標準普爾５００指數差了很多！

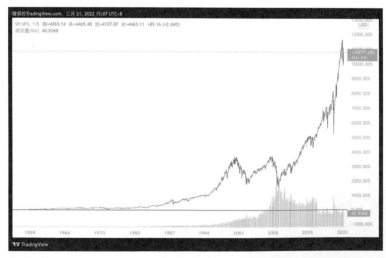

圖：１９５７年～２０２２年２月標準普爾５００指數

如果我們以台股開始的１９９８年做起始點，美股大盤＆台灣大盤的成長率比較
（１９９８年～２０２１年），到２０２０年２月的報酬率比較為美國３６１％，台灣
８０％。所以美國大勝！

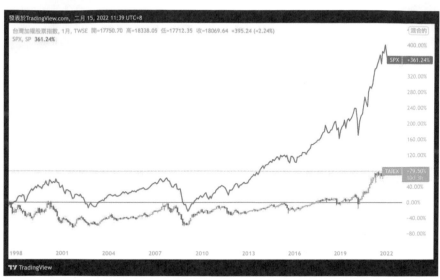

圖：紅色為台灣加權指數，綠色為標準普爾５００指數，後同

那２０年的報酬比較呢？美股大盤＆台灣大盤的成長率比較（２００２年～２０２２
年），到２０２２年２月的報酬率比較為美國２８３％，台灣１９３％。所以還是美國勝。

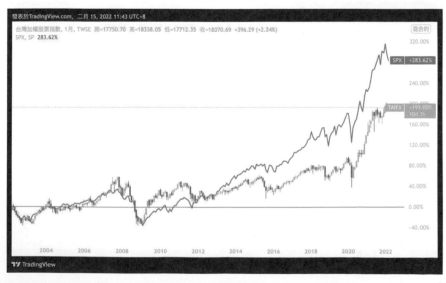

10年的報酬比較，美股大盤＆台灣大盤的成長率比較（2012～2022年），到2022年2月的報酬率比較為美國289%，台灣150%。所以還是美國勝。

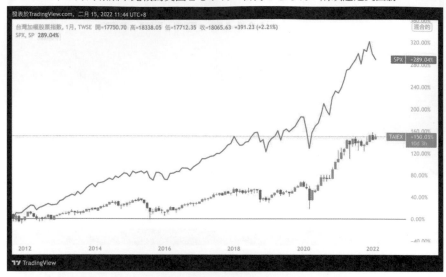

5年的報酬比較，美股大盤＆台灣大盤的成長率比較（2017年～2022年），到2022年2月的報酬率比較為美國87%，台灣85%。所以還是美國小勝。

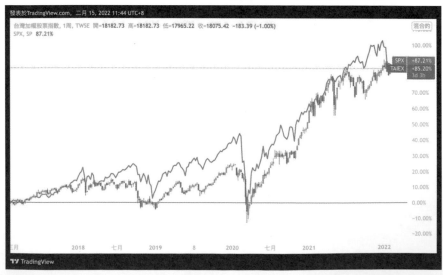

３年的報酬比較，美股大盤＆台灣大盤的成長率比較（２０１９年～２０２２年），到２０２２年２月的報酬率比較為美國８７％，台灣８０％。所以還是美國小勝。

１年的報酬比較來說，美股大盤＆台灣大盤的成長率比較（２０２１年～２０２２年），到２０２２年２月的報酬率比較為美國１２％，台灣１０.５％。所以還是美國小勝（注意這還是 COVID- １９在美國造成重大影響的１年喔）。

這波台股漲和美股漲的差別，台股可是等了很多年才有這般榮景的（見下圖），所以論報酬的機會而言，美股還是勝於台股的。

圖：為１９９８年～２０２２年２月台灣加權指數

　　另外，美國股市因為是世界第一大的市場，不管是量能和掛牌的公司數，與台灣相比都有一定的差距。美股上市公司有８０００多家，台灣只有１０００多家，相對來說，美股市場很大，美股產業也比台灣市場多元；台灣產業則偏向電子製造業、半導體業、石化業，多以出口為主。所以市場結構不同、優勢不同，股市的成長率表現，也會有相當大的差異。

　　那除了市場的不同，或許我們也要想想我們的能力適不適合。我開始做美股之前，已經有十幾年投資台股的經驗了，所以股市的基本規則已經很熟稔了，除了美國市場的遊戲規則有些許不同，但也很快就適應了。對有興趣投資美股的人，我想應該要考量的最主要是市場資訊的獲取，還有市場交易時間的差別，會不會影響你的投資模式。

　　其實不少美股平台都已經有中文化的介面，也有會說中文的客服人員及中文的線上操作教學。所以使用這些交易平台不會有什麼問題，只要你願意去了解和練習。

　　另外市場資訊獲取方面，當然如果你對看英文新聞、英文的研究報告不排斥的話，的確是會有很大的幫助。並不是說只看中文的新聞和評論不能做美股，只是這樣你會漏掉不少寶貴的即時資訊，消息的獲取也會有時間差，這就是一個劣勢。所以你要思考，是否願意多花一點時間，去累積一個

不同市場的知識。

　　當然又因為美股有許多大品牌，投資品牌價值相對容易一些。舉個例子，與其投資蘋果在台灣的供應鏈，不如直接投資蘋果股票。因為供應鏈的廠商會因不合格被換掉，但蘋果自身的業績表現好壞，就是一翻兩瞪眼了，不用再從蘋果的業績，去想盡辦法瞭解是哪一家公司接他的訂單，甚或代工毛利或代工量有多少，才能找出值得投資的台股公司了。像我永遠記不得複雜的供應鏈關係，直接投資品牌就方便多了。只要對品牌有感，把心力直接放在品牌公司上研究就好了。

　　另外是市場交易時間的差別，會不會影響你的投資模式？一直以來我投資股票都是採取長期投資，最短大概 1 年，最長有 7、8 年以上。所以投資美股對我來說相對影響不大，因為都是長期 buy & hold（購買並持有）的策略。尤其我又是早睡的人，所以我下的單都一定在當下要確定有成交，不然就會直接取消，不留過夜的。但是對做短期交易的人來說，可能就必須花一些時間在盯盤，所以就要看你的投資策略為何，是不是可以配合你的生活作息囉。

　　那如果要開始玩真的了，就要先開一個股票交易帳戶了，不管你是投資個股還是 ETF，都是要透過股票帳戶買賣交易的。而且因為剛開始，所以最好還要可以做零股交易的，

台股幾乎所有的股票帳戶都可以。美股大部分的券商都適用最小 1 股交易，所以比較沒有這個問題。但台股的海外 ETF 選擇比較少，就算有手續費也較高，但如果你還是想透過台灣的券商，投資美國掛牌的股票或 ETF 也是可以的。就是在你的台股帳戶外，要加開一個美股的複委託帳戶，然後用那個帳戶交易美股。但交易費用就相對比直接開戶美國券商要高許多。如果你交易不頻繁，或想說先開始試試，讓自己適應倒也無妨。

　　我合作了 2 0 幾年的台股營業員知道我出第二本書了，所以提供了一個開戶優惠給這本書讀者，比市面上券商開戶還要再優惠，請於書後的「**結語**」詳看細節。

　　以上是美股投資的幾個重點和大家分享。你們也可以衡量一下適不適合你喔！如果是股票投資新手，我倒是建議可以先開個台股帳戶，實際操作一陣子的台股做練習，然後開個複委託帳戶，熟悉一下不同的市場環境。然後再決定你要不要開美股平台帳戶，這也是不錯的方法喔！

股票買賣的時機點

投資人買賣股票，都會希望可以買在最低點、賣在最高點，因為希望能賺取最大的獲利。但這個想法，實際上往往會使投資人錯過買進或是賣出的絕佳時機點。

我覺得比較佛系的想法，是每一次投資，做到自己當下能做的最好的判斷，以自己至少需要多少的回報為目標（你如果有做財務計劃，就有一個目標收益率），但如果真挑到黑馬，也不以此為設限，可以做比這再好當然好。只要每次買賣後都認真檢討學習，不犯同樣的錯、逐次進步，這才是最重要的。

許多股票投資人時常隨著市場熱潮搶出搶進，沒有自己的投資主張，這樣的盲目跟隨很容易造成無謂的損失，就算賺也賺得不多，賺得也膽戰心驚的。初入股市的新手，最好以長期投資為主，因為買賣股票，短線操作的最後結果，肯定不如長期投資的人獲利多！天天把自己泡在行情裡的人，容易受到行情小小的變化，還有市場的情緒渲染而做出錯誤的決策。

✓ 心思縝密 （做好觀察研究）

✓ 大膽假設（大膽的預設遠景）

✓ 快速行動（拿定主意就做必要的行動）

以上是成功的三大項條件。

買進股票之前，一定要做你必須做的功課。以基本面為優先，不管你研究的能力如何，最少、最少、最少也要先寫下五個，你應該投資這家公司的理由，並且隨時檢查，如果發現其中有三條理由已經不存在了，就應該立刻賣出股票，不管你是賠錢還是賺錢。

當你找到具成長力的公司，要買股票進場時，還有以下幾個常見的問題要解決：

1 要一次買還是分次買

我並沒有固定的買股策略。如果我覺得這家公司有潛力，我至少都會先買進我想買的三分之一以上或一次買足，通常我會搭配整個市場的情緒做這樣的決定。情緒很嗨的時候我可能比較傾向一次買齊，市場上下波動屬害，情緒比較悲觀的時候，我才會分3次買。我幾乎沒有是為了「攤平成本」而購買（在股價越低時購買，就可以拉低你原本買這張股票的平均成本）。當股價一直下跌時，要去了解原因，如果是我們判斷錯誤了，那就是做錯決定了；如果判斷對了，市場就會給你獎勵。

2 不要一直想著再等等

投資人總會想再等等、再等等，想等股價再低一點的時候才買進，也會想等股價再更高一點的時候才賣出。邏輯上來說這樣是沒有錯的，人都有慾望，希望能再賺多一點。但是如果你沒有注意到市場的主力、或者是法人的行動是相反的，白話說就是你和市場如果是相反的，那你的勝算恐怕就會變得很低了！

所以我們會去看籌碼面（就是大量持有這支股票的人的買賣狀況，因為他們持有的量大，所以他們買賣的意圖都會對股價造成很大的波動），來評估這支股票的未來趨勢，判斷法人或是主力的力道是往哪邊？並且參考歷史的股價趨勢，而不是一味的等股價到你想要的價位。這也是買賣股票前要先分析的一部分，理性思考判斷你的進出價位，並且注意市場轉變。

如果我喜歡一家公司而想要投資，就算股價在我認為的高價，我還是會買進一點點，然後再考慮慢慢加碼。我從不等待「合適的機會」來作為首次進場時機，因為如果你看準了卻未下手，股價有可能就會一去不復返了。而且先買進一點點，你會對這支股票更有感覺，和在場邊觀望的立場不一樣。因為未來的股價更重要啊！差幾塊的入手價格差距，遠

遠比不上市場整個上去的強度喔！所以說，沒有一定明確的規則，但我偶爾也會看整個局勢變化而改變主意。最糟的狀況是，如果我認為我最初的購買是一個錯誤，我對這支股票已經沒有信心、願景了，我就馬上以微薄的利潤或虧損賣出，完全不遲疑的。

3 投資股票千萬不要追價買賣

當整個市場都在下跌時，把更多的錢投入到你有把握的股票中，通常會得到很好的結果（因為是好的標的，你預期股票有機會上漲）。另一方面，當一支股票在上漲的市場中跌落懸崖時，通常意味著事情很不對勁，值得你再去多加瞭解。在下跌的過程中，投入越來越多的錢（為了攤平你的投資成本），通常是非常危險的，並且可能會損失很多錢。如果股票上漲，這通常意味著你買股票的假設是對的。但是如果公司沒有更多的好消息，而只是因炒作而瘋狂上漲，我就不會加碼。

那我們來看賣股票的時間點。我覺得賣的對比買的對還要重要，賣股票的時候，遇到因為公司前景改變或不如預期，而造成的股價虧損，應該立刻停損了結。記得買的時候的 5 個支持理由，如果有 3 個改變了，請儘早賣出，不管賠錢或

賺錢。

　　你持有的股票大漲，遇到賺錢的時候，不要急於出手賣掉，但也不可貪圖想等到最後的最高價位（因為你永遠不知道哪裡是最高）。

　　股票投資人常面臨的一個迷思是，太執著於之前自己做的決定，不願意面對我們可能犯了錯，做了錯誤的判斷。我總是會再嘗試以現狀重新評估一次我的投資，如果我犯了錯或公司狀態發生變化，我就會立即賣出。重要的是要對自己誠實，之前決定的對錯不是絕對，要重新評估再做出當下好的決定。

　　在市場處於上升的趨勢時，如果我持有的股票價格飆漲，我會傾向於在市場已經脫離理性的時候，先賣出一小部分。然後再觀察市場如何，再做決定。如果它再進一步上漲，那我會再減碼賣出一點。如果它大幅回落（但公司前景不變），我可能會回購部分或全部。但我比較是傾向在這支股票過了大概的最高點且續跌一陣子，才重新評估狀況，如果狀況不如預期才全部賣出，少賺一點沒關係，總比你錯失整個大的上升趨勢（大多頭）的好。所以我總是抱著長期投資的想法買股票，從來沒有短期持有的想法。我的個股平均持有期，大概是介於 6 個月到 3 年，甚至 5 年。

4 股票下跌趨勢

在每個人都在恐慌的情況下，在市場底部拋售，這並不是一個好的結果。你該看的問題是「它的股價從這裡會走向何處？」「我現在應該對它做出什麼決定，以及它目前的價格和前景？」而不是「我已經為此付出了多少代價？」

當我們賣出的股票上漲時，我們都會感到扼腕嘆息。但是我試圖忽略這些，我認為一旦已被出售，股票本身就已經不再重要了，唯一重要的是我當時為什麼做這樣的決定，這就是經驗的累積。你不可能持有市場上所有的股票，你也不可能賺到所有的錢。唯一重要的是，你現在持有的股票，應該怎麼做而已！

以下這兩段話，摘錄自根斯坦（Edgar Genstein）１９５４年出版的〈股市獲利無須預測（Stock Market Profit Without Forecasting）〉一書。儘管寫於６８年前，我在２０１８年從經濟日報讀了之後，至今仍讓我感到很受用。尤其最近因為戰爭、升息與否，市場波動再起的此刻，值得大家參考。

根斯坦所寫的這兩段投資箴言是：１０年就占有５到７年，這位投資人可滿懷自信地持有一長串目前難以預測的股票。他不擔心觸頂，因為他明白絕不會賣在最高點。他明白，

等到行情觸頂且趨勢逆轉或已清晰可辨時，他會獲得比他若企圖預測頂部並掐準時機出場、還要好的價錢，而機率將一面倒向有利於這種假設。就我自己的經驗而言，多年來我們獲利最大的股票，往往是在漲到新高時買進，而且買在市場時時都在預期『頭部[註]將至』的市況。」

（註：頭部是指股價已經漲到新高，不可能再漲，而是往下跌下來，這時技術線型會出現「頭部」的樣子。）

「誠如我之前已指出的，一檔股票的絕對價格並不重要。股價走勢的方向才重要。目前股價的走向總是可能持續下去，但也絕不確定。走向剛逆轉後，有足夠時間可賣出。你應該在你但願早點賣的時候賣出，絕不該賣在你認為頭部已至之時。這麼做，你絕不會賣到最好的價錢（以後見之明來看），你的個別交易看來絕不會像是冒大險，但你一部分的獲利會很大，而損失應會顯得相當小。要有令人滿意、豐盛的投資績效，所需的不過是如此。」

梭特在 Advisor Perspectives 部落格中撰文寫到，建議投資人找個安靜的角落，再三朗讀這兩段話，然後反省自己以前曾經犯的交易和投資錯誤。他說：「把這兩段話抄下來擺在手邊，每次準備做重大的買進或賣出決定之前，再細讀一遍，尤其在情緒干擾你的思考時。」他說，當前美股走勢詭

譎多變，在這種市況買、賣股票的挑戰性特別大。（資料來源 :https://www.cw.com.tw/article/5089405）

　　若你買賣股票常常選錯買賣點而導致虧損的話，我會建議你先到虛擬股市投資平台練習一陣子，培養自己做買賣決定的能力。不要總想要賣在最高點、買在最低點，除了莊家沒人知道這兩點究竟會在哪裡。不要與股市行情作對，市場往東你最好不要往西，喜歡和市場做對的人往往沒有好下場。不在大漲之後買進、不在大跌之後賣出。**買進靠耐心、賣出靠決心。只要比別人多冷靜沉著一分，便能在股市中脫穎而出。**股市沒有百分之百的成功戰術，只有合理的分析。每個方法技巧都有應用的環境，也有失敗的可能。新手在不熟悉操作前，可先利用模擬股市投資平台演練一下，從中累積一些基本的經驗，等有了好的結果再去實戰。記住！想要在股市比別人賺更多錢，就要比別人更努力磨練自己的投資功力喔！

PART 5

理財投資心理學

KEY POINT

05

理財投資心理學

 防人之心不可無，
小心詐騙就在你我身邊

　　我最近在網路上買東西的時候被詐騙了，你也曾經被騙過嗎？為什麼我們會被當冤大頭呢？來聽聽我和我身邊的故事，看看你能不能找到破綻在哪裡。

　　我在美國的時候，到我妹家住，因為家裡有小孩，所以疫情關係也不太出門，但手癢想買東西時怎麼辦？而且剛好我聽說有一個超厲害、賣翻天的砧板，在一個家飾連鎖店的網站上可以購買。接下來的事，我想常上網的人都知道，因為許多網頁都會追蹤你的網上足跡，所以各種類似的砧板廣

告，就不停的出現，沒想到我就在 Facebook 上看到了一個更厲害的砧板出現，而且又更便宜，比原本我想要的更厲害、更便宜！我心裡超高興的，為了得到更好用又更便宜的砧板，我立馬就下訂。

後來我跟我妹說，會有我的包裹來喔！幫我留意一下。我妹問我，大概什麼時候到？我想了一下，訂購的時候網站上沒註明出貨時間。我妹說哪有包裹何時寄出或到貨不會告知的。我心想「好像也是喔」，但是也不以為意，而且過沒幾天，有收到 email 通知我一組美國郵局的包裹序號，讓你可以追蹤包裹狀態（我上網查詢了幾次，但都沒有看到任何進展），左等右等，我買的東西過了 2 個星期還沒送來，我都快要離開我妹家了，我還寫了 email 催促客服。

結果，發現這個網站的 Facebook 頁面，開始有人留言說是詐騙網站。加上我看了一下銀行的交易紀錄，原本是美國本土的交易，不應該被收取國際交易手續費的，在我問了銀行的客服後，他告訴我說，這筆交易雖然是美金交易，但是交易端卻是在香港，所以有扣國際手續費。這時我才搞清楚，原來我被詐騙了。但過了兩天，包裹卻送到了，這個詐騙網站真是經驗老道，竟然會有實體包裹送來。我想消費者會以為有郵局的包裹追蹤號碼，所以不會想到是被詐騙，然後一旦等待時間夠久，錢確定有入到對方戶頭（因為交易和他們實際入帳是有時間差的），最後消費者也來不及跟銀行或信

用卡要求停止付款了。

　　但包裹確實到了啊，我告訴你，收到的時候發現，只是薄薄的一片塑膠片啊。真的是被騙了，而且還有種被騙子嘲笑你笨的感覺。好吧！只能慶幸，花了美金３０元買個教訓，只能說自己活該！第一，我那時候的確太衝動了，所以沒想清楚只想要趕快花錢得到想要的東西。第二，太貪心了，想說是我要的東西，又是前所未見的低價，所以連警戒心都沒有。第三，因為前面兩點，造成我沒有注意到整個網購手續奇怪的地方，譬如如何運送、何時到貨等，就立馬刷卡下單。所以，總結是被騙之人，必有可騙之處啊。

　　還有另外一個故事跟大家分享。我的一個學員 M，在參加我的一年期璀璨生活財富教練計劃期間，有一天他跟我說，有人（好像是他失散多年的同學，但又好像沒有很熟）想要說服 M 投資他的一個私募創投基金，創投基金就是募集資金專門投資新創公司，然後 M 轉述這位同學的話，說這支私募基金多厲害、多厲害，投資標的多先進、科技多高端。然後這位基金公司的負責人，又知道我這位學員 M 的人面廣，說要麻煩他介紹有投資意願的人等等。M 也愛面子，人家既然奉承他了，也為了不得罪對方，他就必須展現一下自己的人脈，所以答應了。

　　我的學員 M 其實不懂私募基金，所以問我可不可以一起

聽，我欣然同意了，想說可以把這個經驗當做教材，因為我覺得 M 是科技業的高級主管，人面又廣，所以應該要對私募基金有些瞭解，在投資上也許不一定用得到，但工作時一定會碰到，所以就一起去了。

就這樣，到場的人都是 M 邀來的朋友，大概跟大家分享一下到場的人的背景，一位是在台灣的外商投資銀行 DCM 的頭號主管，DCM 就是 Debt Capital Market，專管建構、包銷和整合各種債券型的金融商品，包括投資級和結構性貸款、投資級和高收益債券（白話來說就是幫企業透過發行債券類的商品，並身兼買賣管道）等等。還配合企業客戶融資，並幫助與投資者建立聯繫。

另一位是前趨勢科技創業時期的技術主管，因為持有很多技術股份，所以趨勢科技上市後，就有了非常高的身價。雖然非常有錢，但是因為早已退出趨勢科技，所以這麼多年來，持續在尋找事業的第二春。另一位是台灣企業的第二代獨子，住美國的科技業主管。再加上我和 M，總共 5 個人，另外還有那位基金公司的代表。

其實整個 presentation（簡報），就是一般賣基金的內容，他們過去投資了哪些公司，這些公司的目前狀況如何，預期何時獲利。因為這間創投基金公司，第一支基金都還沒有獲利了結，所以沒有所謂歷史獲利數字可以吹捧，只能著重在

陳述他們前面投的幾家公司，科技多厲害等等，但都還是蠻籠統的介紹。所以他的基金 presentation 完後，就是眾人提問時間，問到最後，大概就剩我和那位外商銀行主管追問比較多問題。我問的偏向較技術性、財務性的問題，詢問一些我覺得必要的數字，和一些前後矛盾的地方，然後我就安靜了下來。卻發現外商銀行的主管，問的問題已經不像是個單純投資的人間的問題。

　　怎麼說呢？大意就是他或許有興趣投資，但他在美國有個感情非常好的弟弟，目前是半退休狀態，如果這個基金的營運需要雇人或找幫手，他們可以考慮他弟弟，那麼他或許可以考慮投資兩份。更有趣的是，這個基金公司負責人，還說可以談談，我聽了其實心頭一驚。因為其實這個基金的最低投資金額已經是非常低了，如果我沒記錯的話，好像是１０萬還是１５萬美金而已。我知道通常就算是小家名不見經傳的創投基金，就算是對個人投資人，大多也需要至少５０萬美金的入門門檻啊。而這麼低的金額，還要再加一個工作機會？！我聽了覺得怪怪的，反正我覺得基金產品本身聽起來是蠻虛的。

　　過了幾個月，M 詢問我那個基金的 Sales（業務員）想跟我 follow up（追蹤），我說應該是沒有興趣投資，但如果 M 想了解看看，或許我們可以和 Sales 見面談。我又附帶問了一下，那個基金現在有 Sales 了喔？他八卦的說，哈哈，你記得

那天晚上有一位台灣企業的第二代嗎？ M 說這個人後來決定投資，而且因為他已經辭掉工作，美國和台灣兩邊跑，照顧爸媽和自己家庭，所以要求加入那個創投基金，我聽了差點昏倒。和 Sales 見了面，他也完全沒有辦法回答我比較技術性的問題，說回去問了後再回覆我，卻也沒有後續的消息了。

然後過了兩個月，我的男友在美國商會的演講上，碰到了一位自稱創投基金副總的人。他回來把名片給我看，說這個人你可能見過。我一看名片，就是那個前趨勢科技創業時期的技術主管啊。有天和 M 通話時，我提到了這件事，因為這兩位其實 M 都很熟識。結果呢，M 說當晚的 5 位裡面，總共有 3 位投資，而且還都替這間基金公司工作去了。聽了之後我心裡大概明白是怎麼回事了，但是只有時間能證明結果如何。

過了半年，M 告訴我這個創投基金是個大騙局。不只騙錢，甚至還騙了他的朋友們，盲目的運用自己的人脈替這支基金招募錢。我嘆了一口氣，每一個投資案的評估，都是一件必須獨立判斷的事，必須和個人情感、誘惑和工作機會等等不相干的因素分開思考。投資本身已經有一定的風險，更何況是創投這種超高風險的投資，一旦綁在一起，風險更不是你能控制的，只會悲劇收場。

對這些業界的高級主管們和有錢人來說，創投是聽起來

極具吸引力的行業，現在也的確非常夯！而這幾個人也剛好都在尋找事業的第二春，所以碰到這個（俗又大碗的）機會，就像我買砧板一樣起了貪念，反而賠了夫人又折兵啊！

　　只希望大家記得，投資不能貪心，而且每一個投資都是一件必須獨立判斷的事，排除其它不相干因素，你才能做出正確的決定啊。

 自我心理建設：
你最近因為市場起伏而情緒低落嗎？

　　這段時間因為疫情的爆發、生活秩序的改變，投資市場也快速反應著變化，有沒有嚴重影響了你的情緒呢？加上我的身邊發生了許多事，令我心煩意亂，對喜歡保持平靜心情的我有蠻大的影響。就來跟大家談談，情緒如何影響你的投資決定。

　　我們之前有提到，恐懼、希望、信心和許多其他的情緒，會對我們做出決定的過程有重大的影響。在思考投資決策的過程中，你是保持謹慎或魯莽、穩定或有創造力，這個思考的過程會直接影響你的投資結果。聽過我的演講或讀過我的書的人，一定記得２００８年，我因為莫名的恐懼，讓我在

3 天內賠掉超過千萬台幣，而且是真的賣掉的損失，還不是帳面的損失而已喔。

任何投資人都希望在保持低風險的同時，加倍增加獲利。當然在現在這個時間點，不管是房市、股市或其它市場，都已經漲到歷史高點的同時，想要達到保持低風險又加倍獲利，並不是一件容易的事。因為任何重大事件甚至小事情，都會抽動投資人的神經，可能在一夜之間或一秒之間，市場就會快速的變動反應，不管事情是真是假，重要的是投資人的預期心理。投資市場的變動，反應著每日投資人的心情起伏。

我們都希望自己可以有自信的做出正確的判斷，賺得收益，但這需要不斷的練習，這也是投資人在生活中要練習的過程。情緒是一把雙面刃，可以幫助你，但也可能危害你的決策過程，造成你沒有辦法理性判斷。

許多專家的研究表示，對我們來說選擇越多、越複雜，勝負越不確定，就會有越多的情緒出現，影響我們的決策過程。而且這些情緒往往是非理性的，舉例來說，我們可能對自己的收藏品產生不合邏輯的依戀，並賦予它們「情感價值」，就像我們寵愛的寵物，或是擁有了很久的陳年破車，甚至是股票也一樣。心理學家們將這種現象稱為「自我參與」，也就是我們太認同自己擁有的股票或者投資的選擇，

即使它已經損失了大量價值，也不想承認自己看錯而賣掉
它。這就是經濟學家們說的非理性的投資人行為，正是因為
這種非理性的情緒化行為，導致了市場的起伏、蕭條，甚至
是破產。

如何避免非理性的情緒化行為

要避免非理性的情緒化行為產生，我們能做些什麼呢？

我們當然還是可以傷心、失望及挫折一下，畢竟我們是
人。但不要深陷在負面情緒裡無法自拔，允許自己情緒化一
下過後，要儘快進行下一步，想辦法察覺和識別自己的情緒，
並且練習把自己從情緒中抽離。只有進行了這種練習，我們
才能真正的把情緒放一邊，理性專注於在做出最好的決策本
身。

為什麼之前我一直提醒大家，在做投資動作之前，都必
須有一個周密的投資策略計劃。因為計劃可以幫助你降低風
險，並且確定你需要的潛在收益是多少，你不會因為需要多
一點獲利，而去冒最高的風險。就是你要清楚，你並不需要
買在最最最低點、賣在最最最高點，才算是好的投資。只要
知道多少獲利對你來說是足夠的，你盡力去判斷、學習，那
麼你的得失心就不會那麼重。

在不穩定的金融世界中，盲目樂觀和過分悲觀，都是沒

有用的。市場情緒可能影響到投資人，使人變得恐懼、不知所措，無法做出決定，這都會影響你的獲利。但也不可否認的是，We are only human（我們只是人），情緒是無時無刻的存在於日常生活中。但任何投資者都應該學習去察覺和控制情緒，做得越好的人，投資理財的成果會越好。以下分享幾個投資時常見的情緒。

1 過分害怕損失

與投資心理學理論最相關也是最重要的情感，也許就是對賠錢的恐懼吧。害怕失去自己辛苦工作的積蓄，也就是你拿出來投資的本錢，這是任何投資人都會經歷的第一種感覺。想要嘗試控制損失和消除風險，是絕對正常的心態，但是你絕對不應該讓這種害怕損失的恐懼，使你思想變得停滯，進而害怕投資，而可能錯過大好的投資機會。

要了解風險不完全是你的敵人，了解你的投資風險本質在哪，和如何透過投資策略的安排，在已知的風險中保護自己。另外也要知道，如果完全不願意冒任何風險，也可能會導致你錯失很多良好的投資機會。

2 沒有事實根據的樂觀

通常非專業或初學投資的朋友，在市場大好一段時間後，常會沒有根據的過分樂觀，這可能會導致你做出不合常理的投資決定。特別是在沒有做該做的基本功課的話，這樣過分樂觀的情緒主導下，你的投資結果可能不會很成功。對風險完全無視、不設防，會導致魯莽衝動的投資，常常會造成原本可事先避免的巨額損失。這應該是近期在市場大好時才進場，又把所有身家奮力一搏的許多投資人，最近所懊悔的情況吧。

3 無法忍受不確定性

任何有經驗的投資人都會告訴你，不確定性是投資生涯中最確定的部分！因為市場隨時都在變，而且巨大的變動可能轉眼間就發生，這是金融投資的本性啊。如果你的情緒會因為不確定性受到影響，你就會一再質疑和猜測你做出的決定，也就會質疑自己的能力，那就更容易加重你的不安全感和造成自尊心低下。

當其他人都恐懼的時候，你要貪婪；其他人都貪婪的時候，你要恐懼！（Being greedy when everyone else is afraid and be afraid when everyone is greedy.）──**華倫巴菲特**

這句話大家都耳熟能詳了，但說的容易、卻不容易做到。最主要是因為人都容易受到市場眾多的情緒影響，質疑自己

做的投資決定，因為大多數投資人都有相同看法，因此就認為他們一定是對的。如果你擁有清楚的投資理念和確切的投資原則，就不要盲目的跟隨別人。越清楚自己策略的投資人，可以清楚的看到別人所忽視的機會及危險，而不會跟著市場起舞。這看似容易做到，但當你身在市場，就很容易感染到別人的情緒，很難相信自己的判斷。

回頭看我過去的投資經驗，有幾次最成功的投資，都是因為勇於相信自己逆向思考的判斷。舉個最近的例子，在大家都害怕中國市場因中美貿易談判居於下風，導致中國Ａ５０ETF在２０１９年的１月下跌到近一年來的低點。這時我就決定買進一些，現在就算市場因中美貿易議題動盪，我也還有將近２０％的獲利。

尤其最近市場的壞消息不斷，市場起伏不定的這段日子裡，察覺出可能導致你決策失誤，或使你不願行動的情緒，找出它們並控制住是你的首要任務。透過控制和分析自己的情緒，你才有辦法分辨出值得追求的投資機會，並且有勇氣去行動。

隨著市場變得越來越難預測，沒有人能永遠看對市場，但是如果能有效地管理自己情緒，這樣的能力被證明是值得擁有的一種資產，你可以更容易在大家迷失的時候，理性的洞察先機，在投資方面就比其他人更容易取得成功，讓我們一起努力吧！

你必須是自己的理財專家

　　理財要成功，一定要有財經學位嗎？

　　有人說，讀財經相關科系的，在學校就學會理財了，一畢業很容易利用理財存一筆錢，就算不是每個人都會，但也一定比其它科系的人還要會理財。這是真的嗎？

　　我碰過不少外文系的畢業生，英文根本也講不出口，外國的新聞、文章也不一定看得懂！前幾天諮詢的學員說她是念商的，但她自己也說，她對數字和投資理財還是霧煞煞的。我自己是念經濟的，雖然選修了幾堂 Finance（金融）的課，就是想說上完了至少知道投資是怎麼回事，但老實說修完了，還是不知道怎麼開始投資理財。上課都是研究理論居多，真正的實作還是非常的不一樣。

　　我的大學同學也是同樣的狀況，他在大學的時候，對投資已經很有興趣了，比起我只是呆呆傻傻地讀書，他那時候已經開始玩股票了，他也是覺得讀金融和真正實作很不一樣。到現在只要我去他家坐，他一定會指著相框裡的 Worldcom 股票（世界通訊，一家美國上市公司，２００３年就已經破產了）說：「你看我以前買的股票真的變成壁紙了，我把它裱起來做紀念」。他大學畢業後，在世界一流的投資

銀行做股票研究多年，現在是某國證券交易所的高層主管。
所以投資是要實作的，理論不一定可以讓你理財成功啊。

這些例子告訴你，真的要讀財經相關科系才會理財嗎？
當然不是！那又有哪些特質的人，才可能把自己的投資理財
做得比較好呢？

根據我觀察身邊理財較成功的人，歸納出了以下 5 種常
見的特質。重要的是，這些特質並不是與生俱來的，大多是
這些人在成長的路上碰到困難或瓶頸時，透過自己領悟與學
習的，所以我們可以試著培養這些特質。

1 時常維持積極心態

沒有永遠的黑夜，一定會有白晝的到來，只要你願意持
續埋頭去做該做的事。知道理財是自己的責任，這是自己的
錢，自己不理誰會幫你理呢？一步一腳印，有做就有進步，
總比什麼都沒做只會埋怨的好，要為未來的美好生活願景付
出努力。

「正面積極的態度」幾乎是所有理財成功的人共同的特
徵。或許，你也可以跟隨他們的腳步，訓練自己不要一直陷
在負面思維裡，造成自己沒有辦法行動、進步。只要想辦法
拿出行動力，願意踏出第一步，那就能陸續踏出第二步、第

三步。

2 保持好奇心

　　對於你有幫助的事情，要具備好奇心地去學習和了解。尤其是與理財投資相關的，因為市場每秒都在變動，理財商品也一直因應市場變化而推陳出新。隨時保持好奇心，不要只看新聞的片面資訊而已，多查閱其它資料，找出真正的原因，學習新的知識和新的方法。因為多一點的知識累積，都可以讓自己離目標越來越近。

　　理財不等同投資，投資只是理財的一部分。現在很多金融機構，會把一些投資商品當成理財工具推銷給你，這些工具不見得適合你，背後的風險可能你也不太清楚，如果你無法堅持不懂的東西不要碰，那你就要有好奇心把它弄懂。理財知識很深很廣，但也有人憑著簡單的觀念，以及常見的方式，達到他們的理財目標。學到適合你的投資方法最重要，但重點是要「願意去學」。

3 獨立思考的能力

　　我在網路上看到一則笑話，覺得對「獨立思考的能力」有很貼切的形容，笑話是這樣的：

聯合國出了一道題目，請全世界的小朋友作答：「對於其他國家糧食短缺的問題，請你談談自己的看法？」結果，沒有任何一個國家的小朋友會回答這個問題。因為：

非洲小朋友看完題目後，不知道什麼叫做「**糧食**」。

歐洲小朋友看完題目後，不知道什麼叫做「**短缺**」。

拉丁美洲的小朋友看完題目後，不知道什麼叫做「**請**」。

美國小朋友看完題目後，不知道什麼叫做「**其他國家**」。

亞洲小朋友看完題目後，不知道什麼叫做「**自己的看法**」。

我在台灣長大，讀到高中後到美國念大學，對亞洲的教育欠缺訓練「我們對任何事物要有自己的看法」這件事，是有非常深的感觸的。因為我們從小的教育方式，並不鼓勵個體的獨立性，又或者是我們的教育是著重群體，比較快速的方法就是同意別人的想法，以別人的想法為自己的想法，就不用這麼麻煩自己去思考了啊，久而久之就變成了一種逃避。獨立思考其實意味著必須擁有自己的觀點，並且能對特定事物提出自己的觀察及看法，這和我們一直以來所受的教育相當不一樣。

其實，要做到「獨立思考」「某件事」之前，必需要先了解關於「某件事」的相關基本知識，就像是笑話中說的，你要先了解「糧食」、「短缺」、「請」、「其他國家」、「自

己的看法」一樣，是整個大題目「對於其他國家糧食短缺的問題，請你談談自己的看法？」中的每一個小部分。對每個小部份有所了解，累積了知識，才能讓你對整個題目有感覺，進而去思考而有自己的想法。

所以經過知識的累積（不管是閱讀，或找資料）、再加上邏輯的訓練，以及願意花時間思考，才有辦法達成。因此有計劃地累積自己知識的深度與廣度，是培養「獨立思考能力」的第一步。這和我們剛剛討論的第二點保持好奇心，持續累積學習不謀而合了。

4 冷靜的頭腦

我們都是人，都會有情緒，但是減少情緒對你理財決定的干擾，是讓你可以做對決定的重要因素。我常對家裡 3 歲小朋友說，當你感到生氣、覺得委屈等等，就要知道是心裡的怪獸來了。你可以深呼吸，找其他讓你開心的事情做，然後我們可以漸漸不去想，又開心起來了。可以氣一下下、哭一下下，但是不要一直生氣、一直哭哭，這樣其他好玩的事情你都沒有玩到，不是很可惜嗎？

經過一段時間的練習，的確有縮短小朋友被負面情緒影響的時間。那大人的呢？是不是也可以有類似這樣的自我訓練，讓自己不要深陷在情緒的泥沼裡，使自己動彈不得。當

我們在面對情緒的怪獸時，思考會不周全，會因為害怕、恐懼、生氣而意氣用事。所以讓情緒趕快過去，儘快再次用冷靜的頭腦獨立思考，才可以確保你做出對的決定。

5 自我反思的能力

我們之前談到，要釐清自己的財務狀況，設定自己的短期、長期理財目標，知道過去做了什麼對的理財決定、有什麼是做錯了或是做得比較不好的地方，以後是不是可以做得更好。通常理財上較成功的人會願意花時間思考、自我省思，和自己對話才可以自我提升。重點並不是做對或做錯，也不是責難自己，只是誠心的去了解自己，當時為什麼會做那樣的決定。當你又面對了同樣的問題或機會，你是不是可以基於以往的經驗，做出更好的決定呢？這才是重點。

所以如何做好理財，跟你讀什麼科系沒有太大的關聯，最多只有金融常識懂多一點點而已，而這只要你有興趣學，都不會是太難的事。理財能成功，需要的不僅僅是知識，有行動力才是真正的優勢。有行動力去自我提升，實踐操作與不斷學習，才是最難能可貴的。

PART 6

其他投資建議

KEY POINT

06

其他投資建議

 保險投資

學會儲蓄和買儲蓄險的差別

儲蓄險是什麼？一般在大家口中說的儲蓄險，指的其實都是一種「**人壽保險**」，實際上儲蓄險就只是壽險的一種繳費模式，**在保險法規裡頭並沒有「儲蓄險」這種名稱**。會講儲蓄險只是方便大家理解而已，因為每次繳錢到保單帳戶累積，感覺起來類似拿錢去存，但本質還是保險，並不是真的是儲蓄！

目前市面上所看到的儲蓄險大部分都是 6 年以上的保單，而儲蓄險在市面上看到的大約分為 3 種：

1. 增額型、2. 還本型、3. 利變型

1 增額型：

顧名思義就是增加額度，通常這種保單繳費期滿後，你不用再繼續繳保費，而保單的利息會直接滾入本金計算，變成利滾利，複利計算的方式。

2 還本型：

保險公司在賣這份保單之前，就先預設了一個利率，也就是「預定利率」，這在你買保單的時候就確定了，這份保單繳滿年期後，你不用繼續繳保費，開始配息的時候，保單的利息就是用「預定利率」計算，然後會直接發還給你，不會滾入本金計算。

3 利變型：

利變型就是除了「預定利率」外，還多了一個「宣告利率」，就是一個浮動利率。保險公司會依照運用保費投資的狀況，事後宣告的一個利率數字，但沒有固定，有可能收益好時，宣告利率就高；也有可能收益不好，宣告利率就變很低。所以這一類型的保單就是，你可以拿到的利息是介於保

單的預定利率或宣告利率（看哪一個高），但至少可以拿到「預定利率」。日前金管會要求保險公司調降利率，就是調降「宣告利率」，所以這類利變型保單即受到影響。

買儲蓄險的好處

1 強迫儲蓄，因為你必須定期繳保費

至少繳6年，也要看你買的繳費年限有多長，不然就會因中途解約被罰高額罰款，或減額繳清而保額大幅縮水。所以需要被督促存錢的人，會認為他們可以被強迫儲蓄。

2 利率比定存高？

通常大概只有多個0.8％～1％（但別忘了這只是預定利率，保險成本和附加費用還沒被扣除，這是保險公司至少會收的額外費用，扣完後划不划算，其實不太容易知道。）

3 具備一些壽險保障

可以用作身後遺產規劃的一個工具，但需詳細了解保單受益人的規定，及隨時了解遺產相關法令的變動，提前規劃。

買儲蓄險的壞處

1 你繳的錢，至少要被綁6年

通常長期的保單，也比較多人會繳不下去而中途解約或減額繳清等狀況出現。

2 利率不一定比定存高

「保單價值準備金（就是你繳進你保險帳戶的錢，真正可以拿來計算利息的部分）。」

你繳的錢要減掉保險成本，還要減掉附加費用，及其他林林總總的費用，才拿來乘每年預定利率，算出給你的利息。划不划算要算了才知道，但保險成本、附加費用還有其他費用並不透明，所以要算清楚有點困難。

3 提前解約速度慢，利息與本金都會有損失

4 利息被通膨吃掉

台灣通膨約每年2%，美國過去10年約1.5%，香港約3%、新加坡1.7%。

5 可能買到地雷保單，保險公司經營不善

6 利率走勢越來越低，保單利率也越來越低

7 本質還是保險不是儲蓄

所以還是有保險成本和附加費用及其他的費用。

那我們來談談自己存錢的好處吧！

1.任何和錢有關的事都從存錢開始，如果現在不開始學會存錢的紀律和習慣，任何和錢相關的事也會有問題，因為沒有養成基本的紀律。有人說買個儲蓄險拿來訓練自己存錢，我會覺得這個訓練成本有點高。

2.至少存到財務安全網的基本，其他多存的都可以當作投資的資金。前面我們有討論過財務安全網的設立，如果單身就大概是 6 個月的薪水，加基本必要的保險（通常單身有工作收入，家族無重大疾病史，其實暫時都不需要保險的）。

3.可以零存整付的靈活運用，有適合的投資機會出現隨時可以馬上投資。

4.由儉入奢易，由奢入儉難。一開始就建立良好的生活習慣，就像我們從小被教育要刷牙洗臉，保持良好衛生習慣才不容易生病一樣，理財也是需要從基本的訓練教養開始。

5.存在銀行，在政府保障的額度內是零風險的。

自己存錢的壞處

1.只學會存錢，而不會投資理財，那就只是死存錢沒有用。常上我節目的占星專家 Rose 說：「不分個性、男女、星座，想存錢沒有捷徑。只有設定目標、確實執行，知道是為了什麼而努力存錢。」

2.死存錢，通膨比利息高，利息被通膨吃掉。接下來的１０年應該是溫和通膨的環境，也相當有利於投資，但要有資金才能開始啊。

以上大概歸納了，我覺得「學會自己儲蓄」和「買儲蓄險」的好處與壞處。那為什麼會把這兩樣放在一起談？因為我發現身邊很多的年輕朋友們很愛買保險，而且很大一部分的人只是為了強迫自己存錢，我倒是覺得這樣有些本末倒置了。為了強迫自己存錢而買儲蓄險，反而送上大筆錢給保險公司和保險業務員，而且把自己管錢的自主權至少鎖住 6 年，如果只是為了強迫自己存錢，我相信可以有更好的方法。

設定存錢的目標並下定決心，時時的提醒自己，物質慾望不重要，能達到你的目標，帶給你好處才重要。了解「想要」和「必要」的差別，存錢只有妳真的想做才有辦法，也只有你知道什麼方法才真正對你有效。最基本的目標，必須至少存到你的財務安全網金額，多的才能開始拿來投資，也包括投資自己的理財知識喔！

　　我身邊其實有蠻多薪水不低的年輕人們，但都是標準的月光族，雖說是年輕人，但也都已經快４０歲了啊。其實我頗替他們擔心，但總覺得他們一點都不擔心。不知道是不是因為家裡小孩少，就算是家裡經濟小康，都預期會從父母或祖父母那裡，繼承一些財產，因此就安逸了起來。可是就像我前面說的，如果沒辦法存錢，現在只是花光自己的收入，哪天繼承了遺產，覺得自己更有錢了，花錢只會更闊綽，更不會未雨綢繆、替未來設想，遺產也會很快就花光。

　　如果你是月光族，下定決心訓練自己過一年簡單的生活，以財務安全網的基本數字為目標（至少６～１２個月的薪水收入）也可以。而且帳戶裡至少要持續保持這個數字，若你能存到更多，那我們就可以開始投資了。這會是很好的理財基礎訓練的開始！加油吧！

我到底需不需要保險？保險到底保不保險？

　　保險到底保不保險？我需不需要買保險？尤其現在保險像是全民運動的同時，是不是沒有保險，你就覺得會不保險呢？

　　我們來看看保險的本質！我覺得「**保險的核心精神是『保你無法承受的重大損失』**」。很貼切的形容保險的本質，

而不是「買保險是為了當有事發生時，你不用自掏腰包來付
錢，或貼補你支付的部分費用」。現在有很多花俏的保險內
容，是用補貼來吸引消費者，瞄準消費者貪小便宜的心態。
請記住保險的基本精神，就是「保你無法負擔的重大損失」，
不要被各式花俏的保險產品所迷惑。

　　也請你記得，你無法對所有事情投保（因為你絕對保不
完），也不應該嘗試對所有事情投保（因為保費成本絕對不
划算）。我因為過去的工作經驗，認識許多壽險公司的經理
人們，其實他們私底下都認為，**只要自己有做好財務上的安
排，有存款也懂得理財，那麼保險就不是那麼的需要。**

1 誰需要買保險呢？

　　我們在前面「財務安全網的設立」裡，已經討論過了如
何考量你的保險需求，其實和你在人生不同階段，對自己還
有對別人的財務責任有相當大的關係。

　　其實我們所參與的社群團體，也都已經有一些保險的安
排，除了勞保、農保、軍保、公保、學保和國民年金保險之
外，公司通常也會透過幫員工保團保，用公費（公司出錢）
或自費（公司統籌，員工自費）的方式，來補充投保不足的
地方。只要是在職，就可以用這個保障，所以在你考慮自掏
腰包買更多的保險之前，你應該先了解，你所屬的社會保險

和公司的團保投保的範圍為何（可以詢問人資部門，或者找對的人跟你談）。了解後再依自己的狀況考慮，要不要加強或補充不夠的地方，省下不必要的保險成本，少花些冤枉錢，尤其是對年輕朋友們。

其他的保險，例如醫療相關的保險、意外險等等。請你先想一下是否有家族病史，或自己的工作、生活的方式，還有所處環境的狀況，自我評估是否發生意外的機率是高的，再來決定是不是值得花錢投保。

我們來談談保險的成本吧！其實這部份對買保險的人來說，真是天方夜譚。傳統型保單的費用率，只有保險公司與業務員知道，保戶始終不清楚。所以我們先來看看費用結構比較透明的投資型保單，因為投資型保單熱賣，加上常出現爭議，所以受到金管會的要求，投資型保單的相關資訊較傳統保單來得公開、透明一點。

投資型保單的費用大致分成 4 項：

1.保費費用：

用以支付保險公司人力與銷售費用，又稱為目標保費、前置費用，是投資型保單一定會收取的基本費用，用來支付保險公司銷售保單的人力與行政各項成本。若是有壽險保額的變額（萬能）壽險，通常前 5 年收取的保費費用，為年繳

保費的１５０％，５年後還收不收費則因保單不同而異，而沒有壽險保額的變額年金險，則是每一筆收取１.５～５％不等的保費費用。我有一張很小的投資型保單，年輕時懵懂無知買的，這張保單的保費費用，是我累積所繳的保險費的１３％，相當於我拿出來的１００元裡有１３元是拿來養保險公司的，比例相當高吧！

2.超額保費：

彈性多、繳費時才收取。有些投資型保單可讓保戶在定期定額繳費之外，有多餘資金想要多繳一些時，會從額外繳交的保費中，收取一筆「超額保費」。費用以單次計價，費用率從０％～５％不等，需視各保單條款規定。例如我每個月原本購買的是定期定額２０００元保單，但某一天公司發紅利，我決定把這筆３００００元的紅利，放進我的投資型保單裡去買基金，但這筆額外投入的３００００元還要被收取０％～５％不等的費用。

3.行政管理費：

維持保單繼續運作的行政成本，又稱為保單行政費用、保單維持費。主要用來支付保險公司維持保單運作的行政成本，不管是哪一種類型或是哪一種幣別計價的投資型保單，每月都會扣這一筆「行政管理費」。基本上大多以每月新台

幣１００元為收費標準，但有的投資型保單規定，若投資帳戶價值達一定額度以上，可免收行政管理費。我的保單行政管理費用，是我目前累積所繳的保險費的５％，相當於我拿出來的１００元裡，有５元是用來支付保險公司的行政費用。比例也很高吧！比自己買基金或股票都高了許多。

4.保險成本：

壽險保額的保費，有壽險保額的投資型保單才收。有買有壽險保額的投資型保單，例如變額（萬能）壽險會收取此費用，若買的是無壽險保額的投資型保單，如變額年金險就不會收這筆費用。在同投保年齡、同保額條件下，投資型保單的保險成本會比定期壽險的保費便宜，但保費會隨年齡成長而增加。我的費用是我這張保單累積所繳的保險費的１０％，相當於我拿出來的１００元裡，有１０元是真正拿來付壽險保額的保費，也是很高！

（資料來源：https://www.phew.tw/article/cont/phewretire/Wealth-planning/Insurance-planning/3230/201802133230）

總而言之，任何保險商品都一定有附加費用，這筆費用指的是保險公司營運時需要的利潤與各項成本，例如員工薪資、作業成本等等。不同的保單有各自的附加費用率（代表附加費用占總繳保費的比率）。老實說，以上拿較透明的投

資型保單做例子，林林總總的費用加起來，真的非常高。你要買保險就一定需要付出一定的成本，即使你清楚了你付給保險公司這麼高的費用，但對你來說值不值得呢？

這些費用相較你的保險支出有多高，是你的業務員不會告訴你的祕密。以我一張簡單的投資型保單來說，林林總總的費用加起來，已經是我保險支出的２８％了。值不值得，就見仁見智了。

投資型保單其實是把投資行為跟壽險綁在一起。如果我自己可以有紀律的投資，買投資型保單和自己投資的成本，至少有８％以上的差別，我會寧願自己投資，然後買一個簡單架構的定期壽險（如果我真的需要的話）。

２ 最保險的是自己保障自己

我從小被灌輸的觀念是，買保險並不值得。我那時不知道原因為何，但是在結了婚，買了一些基本的保單之後發現，真的好不值得，你付出高額的成本、費用，卻大多時候是用不到的。尤其是如果你的經濟能力很好，可以解決「**風險真的發生時，所需要支出的臨時開銷**」，那麼不買保險也不會影響你的生活，而且還可以把資產放在更有效率的被動收入投資上。所以最保險的是自己保障自己，努力在年輕的時候好好存錢學習投資，把複雜的事情簡單化，聽不懂的保險就

不需要評估，專注在把自己的資產提高。而不是虛幻的高額保險支出，等十年後你成家了，責任也不同了，到時再來考慮是不是真的有承擔不起的風險，再來考慮買保險。

 房地產投資

我真的需要買房嗎？買房是好的投資嗎？

這是我最常被問到的問題之一，到底應不應該買房子？買房子是好的投資嗎？你們是不是也有這樣的問題呢？我自己的想法是，先考慮房地產是不是我人生的必要需求。我有沒有成家的計劃，或者是就算單身，也想要有個屬於自己的空間。還是會希望租房子一輩子？如果不是，買房子就算是要自己住，也要把它當成是一種長期投資，能增值最好，不然至少要保值，畢竟你可不希望人生最大金額的購買，因為沒有做功課而賠錢，失去它應該有的保值功能。那我們來分析一下房地產投資。

1 房地產是長期、短期的好投資嗎？

以大環境來看，現在是低利率時代，歐美和日本現在是接近零利率，台灣的利率稍微好一點，但還是處在歷史的低檔。所以沒有人會想把錢放在銀行做定存，因為報酬率實在太低了。各國政府現在害怕的是，若持續將利率降得這麼低，是否會造成通貨膨脹。（通貨膨脹指的是物價持續不斷的上漲，同樣金額的錢，購買力不斷下降，就是指錢變小了。）所以通常在通貨膨脹的大環境下，什麼東西比較保值呢？不外乎是黃金、房地產、原物料、包括原油等等，但原油因為COVID的關係沒有上漲，只因最近的俄烏戰爭、歐洲大風雪等影響而波動。

全球目前皆因為COVID不景氣的影響，各國政府不斷降息、印鈔票以刺激經濟。現在各國的經濟循環，都是在預期通貨膨脹會溫和發生的，直到它變成一個嚴重的問題，各國政府才會停止刺激經濟的政策。所以短期3～5年，甚至到較長期的未來10年，我們預期的會是一個溫和通貨膨脹的大環境，東西會變貴、購買力下降，房地產會相對保值。就算現在各國的通膨開始嚴重了，開始採取升息的措施，這也只是一個利率剛開始上升的初週期。相對來講，現在的利率水準還是這幾十年來的低檔。

2021年美國因為才剛脫離COVID的威脅，做出不升息而把利率維持在低檔的決定。後來2022年因為通膨持續嚴重，加上俄烏戰爭爆發，所以美國率先決定提前升息，

其他國家也跟進。但２０２２年３月也才升了一碼（０．
２５個百分點），所以全球大概都會是以這樣溫和升息的趨
勢走，唯一的變數是，通膨若太嚴重就會影響未來的利率走
勢。所以持有房地產，其實是一個保值的工具。

　　那回過頭來看，如果是通貨緊縮的時代，也就是景氣不
好，大家都不願意花錢，以現金為王的時代。這個惡性循環
就會造成各行各業不景氣，因為沒人願意花錢。那在通貨緊
縮的時代，房地產其實是一個會下跌的投資。但不是指馬上
就下跌，通常會有一個時間差。但好玩的是，以現在的政治
氣候來看，各國大多都是由人民選出領導者，如果想贏得選
票，想辦法讓經濟復甦是最首要的考量，因為人民最有感。
所以就算發生通貨緊縮，時間也都不會太長，而且幅度也相
對小。根據行政院主計總處所公布的「消費者物價指數」，
從過去的３８年間，物價上漲的年度共有３１年，只有７年
物價是下跌的；且上漲年度平均每年漲幅近２％，下跌年度
平均跌幅卻不到０．３％。難怪物價下跌時民眾無感，因為時
間太短、幅度又小，物價上漲時感受則比較明顯。

　　在現在的政治氣候下，通貨緊縮其實都不會太長，因為
各國政府都必須為了選票做考量，而不斷地推出刺激經濟的
方法。所以就算通貨緊縮、房地產不景氣，但普遍來說房地
產依然是能夠保值的工具。

2 考量你的個人需求

一個考慮的面向是，付租金划算還是付貸款划算？台灣租金水準其實是相當低的。通常你的房東，會希望你付出的房租，可以足夠幫他支付房子的貸款利息，頂多再高一點來負擔一些本金。所以你付房租，就是在幫你的房東付貸款利息。

那作為房客跟做房東的差別到底在哪裡？最大的差別是（1）房東因為有頭期款和裝潢費的準備，還有不錯的償債能力，所以銀行願意貸款給他，他可以買房子租給你，而由你幫他付貸款利息。（2）房東雖需持續支付房貸，但可以擁有房子為資產，資產就是實際擁有，而且資產可以拿來再借款做其他理財。而你付房租，就只是一直持續的支出費用。這樣能夠大概了解最大的差別在哪裡了嗎？

通常買的第一間房子，都是以自住為考量，就算當下沒有自住的需求，也是以自住的規劃去購買這個房子，替未來準備。而就算是自住，買房子也是一個長期的投資，所以你當然不希望持有一個房子五年、十年後，房價下跌很多而賠錢。所以就算是買房子自住，也是一個非常重要的投資決定。

另外如果是考慮純投資房地產的話，你就要思考以現在

的政府政策下，你投資房地產是為了保值？還是為了長期增值？還是為了租金收入？這都會影響你挑選物件，跟做買房子的投資決策上，有不同的考量。

3 買房子的話，何時較好呢？

　　我會從資金運用的方面思考，通常我不會建議年輕人第一個投資就是房地產，就等於把你所有的資金都押在房子上面了。但是如果你已經有一些基本的投資，你想要把一部分撥出來購買或投資房地產，且足夠支付房子的頭期款跟裝潢費用的話，我倒是覺得是一個不錯的分散風險方法。

　　最主要的原因是，房地產投資需要的資金門檻較高，要有頭期款的準備，也要有償債能力，而且房子的變現性相對於其他普遍的金融投資工具，例如股票、基金等等慢很多，而且等待增值的時間相對比較長。（當然，如果你覺得你有看到一個物件，現在就有強勁增值的趨勢，那就是一個不同的考慮方向。）

　　離題一下，提醒各位新手朋友們，原則上我希望可以分享給大家一個較為周全的思考方向，但要記得的是，我的結論不一定是你的結論，你要自己經過這樣的一個思考過程，才會找出適合你自己的結論。這也是為什麼投資人人會做，但結果卻不盡相同的原因。

我當初覺得我的可投資資金足夠，加上房地產市場似乎有復甦的狀況，才思考把一部分的資金分散投資到房地產上面，也為未來自用做安排，加上房地產有保值性和可以增值的可能。只要你的物件挑選是對的，你的房地產投資相對會是一個保值的決定。

我累積的財富有１／３是透過工作賺來的，有１／３是透過金融投資工具投資，有１／３是透過房地產投資。我２２歲時開始投資理財，但真正考慮要買房子時，已經是２９、３０歲的事了。在２２～２９歲時，我只考量到持續努力工作，讓我的薪水收入持續成長，同時儘量存錢，讓我的可投資資金一直長大。並利用金融投資工具，讓我的財富再加倍地快速成長。

但是如果你的資金不夠，或是才剛開始理財，其實我不是很建議一開始就投資買房子。因為這只是把繳房貸，當作一種強迫自己存錢的方法，這樣就有點本末倒置了。而且買房是需要長期資金的規劃，你沒有辦法在需要的時候，很快地把房子變現。會因為時機或價位不對，或是程序較長，出問題的機率也較高。如果我想要賣，我當然希望我可以賣在我覺得對的時間、對的價位，並且賣給對的人。而不是因為急需現金而急售，這樣通常是會出問題的。你是不是常常看到或聽到仲介說，屋主急著賣屋求現呢？這對買主來說通常

是一個討價還價的機會，你會希望你未來是急售求現金的屋主嗎？

　　回過頭長期來說，如果你不是有馬上要自住的需求，或許就可以一邊開始考慮，什麼樣的物件適合你的需求，同時以長遠投資為考量，一邊注意市況等待適合的時間。但找尋的同時也要記得，就像我的第一本書〈只要 5 步驟，小資族也能提早實現財務自由〉裡，有一章對房地產投資的提醒有提到，買房子沒有絕對「完美」的物件，同樣時期看房子，我有朋友總是只看到房子的缺點，永遠都覺得不夠完美，因此錯過了很多好機會。

　　我覺得比較好的心態是，在做過功課後，先找到一個相對比較符合你的需求或期望的房子，看看是否有機會用裝潢的方式，讓它更接近你的「完美」。其實真正的重點，是你有了一個基本的房子之後，你的資產會急速上升，雖然負債也上升了，但你有能力從銀行借錢，有能力持續還款，這對任何金融機構來說，你的金融信用評等就會大幅上升。之後你想換屋也相對更容易，再挑時機正確的時候換屋，越換就會越接近你夢想的家。

　　既然我們談到信用評等，我會建議在你想買房子的一年前，你要想辦法讓你的信用分數再增強、再好看一些，因為這攸關你可以借到貸款的條件。曾經有個新加坡的學員來找

我談，因為他發現他的房貸條件，好像沒有他身邊的朋友們好。我們深談後發現，他一直以來都有帳單遲繳的習慣，尤其是信用卡帳單會常遲繳，而且常常只付循環利息。他的薪水收入其實很高，也在世界知名的高科技公司擔任亞太區的主管，照理說貸款條件應該比一般上班族的貸款條件要更好才對！但因為他帳單遲繳的習慣，造成了他的信用分數下降，導致他必須以較高的利息也就是成本來貸款。他完全沒有建立自己金融信用評等的觀念！他和我談完後，就趕快把所有的帳單付清，也把每期信用卡的總金額付清，不再只付循環利息。

不要再怨恨或羨慕其他人能夠投資房地產了，希望你看完之後，可以對你要不要買房地產，有自己的看法和準備喔！

社會新鮮人如何１０年買房

我通常碰到社會新鮮人的狀況是，在談到要設立理財目標的時候，有時很難想像自己未來有什麼特定的目標，那用退休做目標又覺得太遠。所以我通常給這些比較懵懂的社會新鮮人一些建議，他們可能大部分會預計在接下來的１０年或１５年內結婚、成家，那相對的就會有買房的打算。如果我碰到心裡沒有特定目標，但想要學理財的社會新鮮人，我

都會問他們，要不要用１０年買房子來做一個理財目標。因為有特定的目標，你才可以計劃和去實踐。

當然到時候你可能決定不要買房子，或是整個社會的狀況，已經變得不像現在了。但重點不是你買不買房子，而是其實到那個時候，你就已經學會計劃和理財。而你也在實踐的當中，累積了一筆頭期款跟裝潢的費用，你的資產規模會和１０年前大不相同。你到時候再評估狀況是不是要買房，也許到時候會有不同的需求，例如創業，那這筆錢也可以是你的「創業基金」。

我在前一本書中，花了不少時間要大家勇敢設立財富目標，告訴你如何設好目標。現在如果我們要設的財富目標是，我們要在１０年可以達到買房的目標，那我們每個月、每年，到底需要準備多少錢呢？

我用我前一本書的社會新鮮人Ｂ小姐２２歲，計劃１０年買房的例子，簡單演練一下給大家參考：

Ｂ小姐，一位想要擁有自己房子的社會新鮮人。Ｂ小姐想要１０年後擁有自己的房子，現在完全沒有存款，也沒有任何可投資的資產。她頭一年努力存錢作為財務安全網的準備，第二年及第三年才有可以投資的資金。我建議她在設定買房子為目標的時候，就應該開始多看看房子，找出自己想要買的第一間房子、區域、地段、價錢等等，了解購屋所需

要的一切手續和費用。

以 B 小姐的年紀，１０年後買房子，大約會是以一房一廳或兩房一廳為主，她決定買７００萬的房子當作她的目標。以首購來說，我們以總價７００萬的兩成當自備款，一成當簡單裝潢的費用。大概２１０萬為她購屋的前段費用，而後段就是之後貸款分期攤還的部分。

簡單來說，B 小姐的大目標是１０年後買一間７００萬的房子， 而這個大目標之下，再把它拆開來分成兩個小目標，一個是頭期款加裝潢的２１０萬，另一個就是當開始支付本金加利息的時候，每個月付出的貸款總額，最好不要超過收入的三分之一或一半。不然你很容易因為每月還款金額太大而壓力過大，如果有臨時額外緊急需要用錢的時候，導致付不出貸款的狀況。

1 目標設定好了，接下來呢？

考慮現況：B 小姐的現況為年收入３６萬，年支出２０萬與２０１８年的可存款１６萬，以及既有的可投資資產為０。我們就已經把起點和未來終點設好了，那接下來呢？我們就可以開始做細節的計劃囉。

工具部份我一樣是用 Excel 來計算，我是個記不住數字的人，也對數字沒有太敏銳的感覺，所以我還是選擇用 Excel

做工具來計算和記錄，這樣我任何時候都可以再回來檢視，當初估算得是否合理，隨時可以做一些調整。

我有一個 Excel 的範例檔，可以跟大家分享。想要的請在「女孩向錢進」的臉書或 Instagram 的粉絲頁上留言或私訊，我就會寄給你哦！

大家可以把前面我們提過的，自我評估現狀的幾個項目：扣掉財務安全網的準備金額後的可投資資產、收入、支出，填入 Excel 裡面，大家可以試著做看看。

以 B 小姐做例子：

（２０１８年）２２歲，想規劃１０年買房。B 小姐的現況為年收入３６萬，年支出２０萬與（２０１８年）今年可存款１６萬，以及既有的可投資資產為０。

B 小姐實際目標：

１.１０年後擁有一個７００萬的房子。

２.付出１４０萬頭款和７０萬元裝潢費用。

３.負擔得起未來３０年，每月房貸本金加利息的支出。

B 小姐是以２０１８年他２２歲開始規劃，所以是用２０１８作為基準的第一年。我們來看看她需要達到多少的目標投資收益率，才可以滿足她的需求，在１０年後買房。

在 Excel 表上，我們先列出：

一、你接下來１０年，預計的收入是多少？

這裡指的收入，就是你的主動收入，也就是你朝九晚五工作所領的薪水，或是你全力經營的生意或事業所得。

以下有關計算（年）收入的提醒：

1. 在「收入」列填入「稅後收入」，那在「支出」的地方就不用再考量稅的支出了。

2. 或者是在「收入」列填入「稅前收入」，那就要把稅的費用加入在支出的部分。

這樣才不會高估了你的收入，記得我們的保守原則嗎？

另外假設之後１０年可能的加薪幅度，作為自己未來工作薪水收入的預測及目標，B 小姐假設從２０１８開始，未來的薪水成長率為每三年加薪３％，而她也會盡力讓目標實現。

二、接著列出你未來１０年，預計的支出是多少？

未來的支出也是以現在的支出作為一個基準考量，覺得自己可以節約支出到什麼樣的狀態，或者支出的狀態也跟著收入的假設增加。由此推算出一個合理的每年收入、支出表，由此可以推算出未來存錢的目標，用以規範自己的任性消費。

B 小姐假設支出也每三年成長３％（因初出社會，薪水

較少，支出相對於總薪水的比例也較高），她覺得可以先試著這樣算。

　　三、那我們就可以把 B 小姐從２０１８年開始，接下來的１０年甚至１５年的年收入、支出，用 Excel 表列出來。當然也可以算出 B 小姐在接下來的１０年，每年有多少存款。再把她當年的存款，於下一年滾入可投資資產裡。所以 B 小姐２０１８年存１６萬，把這１６萬拿來當財務安全網的準備金，那２０１９年存的１６萬，才開始算是她的可投資產。

　　做到這裡，就能了解你的收入和支出狀況，很清楚知道自己可以存多少錢下來。需要的話可以再回頭來看，也許能找出如何可以再多存一點錢哦！

　　四、假設目前 B 小姐除了透過投資外，無其他被動收入來源。如果你的狀況是有其他被動收入來源，例如收房租、版稅等，那就在上面列出來。而 B 小姐的狀況是沒有的。

　　五、接下來假設一個年投資收益率。從５％開始，放進 excel 裡看看如何，結果是不是可以接近你的目標。不是的話，往上或往下調整，看看哪個數字可以讓你最接近目標的。

　　（如果想要得到 Excel 試算的範本來自己練習看看，請

email 至 wealth@splmentorship.com 免費索取。）

結論：

1. 如果假設目標投資收益率設為７％，Ｂ小姐在第１０年（２０２８），她３２歲的那年，可以達到「可投資資產」大於她的目標房屋自備款支出（2,131,988＞210萬）。

2. Ｂ小姐在第１０年（２０２８），她３２歲的那年，以２０１８年當時保守薪水收入的推算（每月約３２,７８１元），以假設青年成家的優惠房貸條件（頭兩年寬限期只繳利息不用繳本金），所以頭兩年繳利息負擔很輕，但到她３４歲的那年，以當時假設的薪水收入（每月約３３,７６５元）開始繳本金加利息。

3. 以２０１８年政府提供的青年安心成家貸款方案，最高可貸款８００萬元，最長３０年期，寬限期可達３年（比我們的假設還多一年），最高可貸８成。若採取機動利率，前２年利率１.５８％，２年之後利率１.８８％（以目前利率水準估算，日後會隨郵局２年期定儲機動利率調整）。

假設Ｂ小姐到２０２８年（１０年間），因信用良好，可以拿到８成貸款（借５６０萬），寬限期２年（我們用比較嚴格的標準先算看看），若採取機動利率，前２年利率１.８％，２年之後利率２％（利率也用比較高一點來算，才保守）。前兩年月付利息８４００元負擔不大，但到２

年寬限期過後，每月本利要付２１，７８０元，相較當時
（２０３０年）Ｂ小姐的月薪水收入（每月約３３，７６５
元），超過月收入的一半，相對負擔是比較沉重。

那回過頭來，Ｂ小姐要如何調整計劃呢？我們一樣從３
部分來檢視：

1. 檢查你的目標對你是否切合實際？

Ｂ小姐要檢視的是，買７００萬的房子（或借５６０萬
的貸款），是否對她來說負擔太重？現在算出來的目標投資
收益率７％沒有問題，可以達成１０年後自備款的目標，但
達不到的是１２年後的月付本利不超過薪水的 １／２ 的目
標。

Ｂ小姐可以回頭審視，是否對自己薪水成長幅度過於
保守？既然可以達到１０年後２１０萬自備款的目標，是
否在這１０年間可以撥些金額投資自己的技能，讓自己的
薪水可以成長到１２年後，至少達到每個月４３，０００元
（２１，７８０元的兩倍）。

或是在不調高目標投資收益率的情況下，考慮延後到
２０３１年買房，那時就有２８０萬自備款，只需要貸款
４９０萬，同樣條件下只借７成的貸款。那２０３３年本利
只須月付１９，０５８元，而２０３３年的目標月薪就設在至
少達到３８，１１６元，相對較容易達到。

2. 檢查你的目標收益是否可達？

B 小姐要檢視的是，這樣假設的目標投資收益率，對於她來說是否合理。年輕人又單身，有穩定的工作，其實風險承受度可以高一些，但學習及練習投資理財才是重點，才能確保長期達成目標投資收益率，時間是一個重要的因素，急不得的。

3. 檢查你目前的生活方式？

B 小姐目前的試算所得到的結果，如果目標收益率不是問題，B 小姐真正的挑戰是如何提高自己的月薪，或者可以透過提高自備款來降低貸款總額，來減輕以後付本利時的負擔。那同樣的我們可以回頭來看：

a. B 小姐的收入是否有可能增加？（是否可以投資自己讓正職的主動收入提高，或者有其他被動收入的可能？）

b. 檢視花費狀況，是否可以減少不必要的支出，存更多的錢，幫助你早點達成計劃？

c. 同樣的重點是增加你的可投資資產，本金越大，在同樣的時間內，需要的目標投資收益率才會變小些。

我最常聽到不願意理財的原因就是「好麻煩」、「我不知道如何開始，讓別人幫我做就好了」等等。把責任都推給

別人，那之後就不要怪罪，為什麼自己的錢在別人手中變小了或者賠光了。其實計劃的部分雖然聽起來瑣碎，但走過計劃的整個程序，對你的個人理財投資來說，是一項非常值得做的功課。而且算來算去只有加減乘除，像玩大富翁一樣很有趣啊！

KEY POINT **結語**

 **鼓起勇氣邁出第一步，
你的下一步就會浮現**

　　「學習投資」除了知識需要時間累積之外，也需要花時間練習，可以一邊學一邊前進。投資市場一直在變，我都不覺得我知道了所有投資的事，還是一直有新的東西可以學習。但這不應該是你遲遲不行動的藉口，沒有人是完全準備好才投入的，只有邊做邊成長。

　　很簡單的知識和原則就可以讓你開始，基本的各大類商品要去了解，從最基本的 ETF、股票和債券開始。只要你肯踏出第一步，不管你是投資００５０、台積電或債券基金，你的下一步就會浮現，只要你心裡有想要做的更好，想要更接近你設定的目標。

　　有一個實質的目標，你才會知道你離你想要的，還有多遠或多近。你所有的投資理財規劃，是為了以後的美好生活，所以投資是為了以後夠用，不用擔心受怕。你不會想要到了

退休，才發現錢不夠用，那時就真的會很辛苦。所以及早量化你的目標，你會更清楚承擔多少的風險，才能達到你需要的報酬率，你的投資之路才會走得更順利。

越早覺醒，越輕鬆

其實如果你對錢已經會緊張，這是好事。你已經有一些覺醒，但有沒有覺醒到讓你願意開始行動？就像我，幾個月前和幾個朋友見面，聊到彼此的健康狀況，我說我有一些毛病是連醫生都查不出原因的，也做了不少檢查，但最後都只能開消炎止痛的藥給我。

那時候有個比較直接的朋友就建議我，要不要先降低身體的負擔，先從減肥開始吧。當下聽了的確有些難接受，但是回去後自己想想，這的確是個辦法，自己先把身體的基礎做好，吃藥只是一種亡羊補牢的方法。只要基礎做好了，再來看看狀況會不會改善。所以我轉個念覺醒了，而且因為身體狀況的急迫性，我就開始減肥了，我設定的目標不是體重，而是體脂肪要降到我這個年紀的正常範圍，至少要降到高標。

2個月減肥下來，我減了12公斤，體脂也從多年來的放縱之下，從超過40％的體脂率降到了33％。但還是沒

降到正常範圍內，不過已經相當接近了。但有趣的是，我原本的一些毛病，的確獲得了一些改善。過了兩個月的節食休息後，我又更接近體脂目標。我對身體的緊張感，讓我覺醒和願意行動、踏出第一步。我如果早一點開始，或許不需要花這麼長時間的節食，就可以回復正常的體脂率啊，但行動永遠不會太晚，及早開始就會越輕鬆。你有覺醒想要行動了嗎？有行動才有可能得到不同的結果喔。

理財投資也一樣，去做就對了！不要想太多而自我設限了！希望你也儘早加入財富自由的行列！

給讀者的股票開戶優惠

**請填入你的聯絡方式，最重要的請於好友推薦碼處
填入「月薪 3 萬也能買房的財富翻倍法」，
才能得到比自己在網上開戶還低的優惠喔！**

Orange Money 12

月薪 3 萬也能買房的財富翻倍法
─理財新手也能靠小額投資翻轉人生

作者：張 Ceci

作　　者　張 Ceci
總 編 輯　于筱芬 CAROL YU, Editor-in-Chief
副總編輯　謝穎昇 EASON HSIEH, Deputy Editor-in-Chief
業務經理　陳順龍 SHUNLONG CHEN, Sales Manager
媒體行銷　張佳懿 KAYLIN CHANG, Social Media Marketing
美術設計　楊雅屏 Yang Yaping
製版／印刷／裝訂　皇甫彩藝印刷股份有限公司

出版發行
ADD ／桃園市大園區領航北路四段 382-5 號 2 樓
2F., No.382-5, Sec. 4, Linghang N. Rd., Dayuan Dist., Taoyuan
City 337, Taiwan (R.O.C.)
TEL ／（886）3-381-1618 FAX ／（886）3-381-1620

總經銷
聯合發行股份有限公司
ADD ／新北市新店區寶橋路 235 巷 6 弄 6 號 2 樓
TEL ／（886）2-2917-8022　FAX ／（886）2-2915-8614

初版日期 2022 年 7 月
再版二刷 2022 年 10 月